일빵빵 왕초보 중국어
워크북
3

일빵빵 +
왕초보 중국어 워크북 3

2016년 10월 24일 초판 제1쇄 발행

저 자 ㅣ 일빵빵어학연구소
펴 낸 곳 ㅣ 토마토출판사
표 지 ㅣ 토마토출판사 편집부
본 문 ㅣ 윤연경
주 소 ㅣ 서울 강남구 신사동 554-3 2F
T E L ㅣ 02) 1544-5383
홈페이지 ㅣ www.tomato2u.co.kr
등 록 ㅣ 2012. 1. 1.

일빵빵 왕초보 中國語

3

워크북

토마토
출판사

강의 듣는 법

인터넷 검색창에서 **일빵빵**을 검색한 후,
"**일빵빵닷컴**(www.일빵빵.com)" 사이트를 클릭한다.

스마트폰의 앱스토어 또는 플레이스토어에서
"**일빵빵**"을 검색한 후,
"Let's 일빵빵" 앱을 설치한다.

컴퓨터나 스마트폰의 iTunes 앱에서 "**일빵빵**"을 검색한다.

▶ 일빵빵 공식 페이스북 https://www.facebook.com/ilbangbang

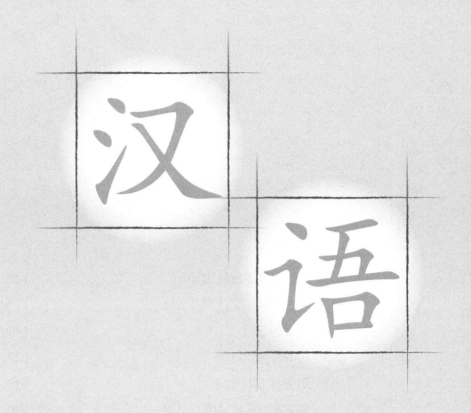

중국어 수량, 지시 표현
연습하기

• 중국어의 단위(양사)

• 중국어 지시 표현

숫자 + 양사 + 명사

중국어의 단위(양사)

중국어에서는 물건을 셀 때 쓰는 단위를 '양사'라고 합니다. 또한 우리말과 마찬가지로, 각 단어마다 알맞은 양사가 정해져 있습니다.

양사를 사용하여 물건의 개수를 나타낼 때에는 '숫자 + 양사 + 명사'의 순서대로 씁니다.

예문 一个学生 yí ge xuésheng 학생 한 명

一张纸 yì zhāng zhǐ 종이 한 장

수량을 나타내는 숫자 两(liǎng)

수량을 나타낼 때에는 二(èr) 대신 两(liǎng)을 씁니다.

예문 两本书 liǎng běn shū 책 2권

两百件衣服 liǎng bǎi jiàn yīfu 옷 200벌

两千个苹果 liǎng qiān ge píngguǒ 사과 2,000개

단, '12'나 '20' 또는 날짜를 나타낼 때에는 两(liǎng)을 쓰지 않습니다.

예문 十二本词典 shí'èr běn cídiǎn 사전 12권

二十个人 èrshí ge rén 사람 20명

二月十二号 èr yuè shí'èr hào 2월 12일

중국어에서 자주 쓰이는 '양사' 다섯 가지

个
ge

사람 또는 물건

예　一个人　yí ge rén　사람 한 명

　　一个苹果　yí ge píngguǒ　사과 한 개

* '个'는 원래 4성이지만, 양사로 쓸 때는 경성으로 읽습니다. 숫자 '一'
을 붙여서 읽을 때에는 '一'을 2성으로 읽는 것에 주의합시다.

张
zhāng

평평한 것

예　一张桌子　yì zhāng zhuōzi　탁자 한 개

　　一张票　yì zhāng piào　표 한 장

本
běn

책 종류

예　一本书　yì běn shū　책 한 권

　　一本小说　yì běn xiǎoshuō　소설 한 권

杯
bēi

컵에 담긴 음료

예　一杯咖啡　yì bēi kāfēi　커피 한 잔

件
jiàn

옷, 선물 또는 일

예　一件毛衣　yí jiàn máoyī　스웨터 한 벌

　　一件事情　yí jiàn shìqing　한 가지 일

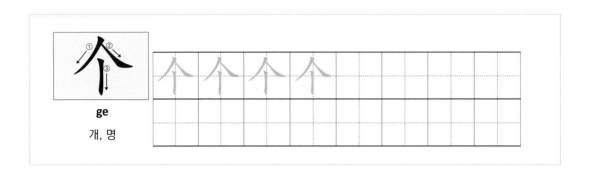

ge

개, 명

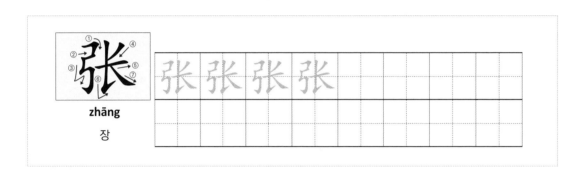

zhāng

장

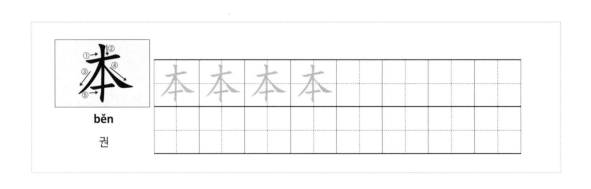

běn

권

bēi

잔

jiàn

벌

兩 兩 兩 兩

liǎng

둘(2)

한 개, 한 명

一个

[yí ge]

一个

[ ]

공책 한 개

一个本子

[yí ge běnzi]

一个本子

[ ]

친구 두 명

两个朋友

[liǎng ge péngyou]

两个朋友

[ ]

한 장

一张

[yì zhāng]

一张

[ ]

탁자 세 개

三张桌子

[sān zhāng zhuōzi]

三张桌子

[ ]

표 네 장

四张票

[sì zhāng piào   ]

四张票

[   ]

한 권

一本

[yì běn   ]

一本

[   ]

책 다섯 권

五本书

[wǔ běn shū   ]

五本书

[   ]

소설 여섯 권

六本小说

[liù běn xiǎoshuō   ]

六本小说

[   ]

한 잔

一杯

[yì bēi   ]

一杯

[   ]

물 일곱 잔

七杯水

[qī bēi shuǐ   ]

七杯水

[   ]

커피 여덟 잔

八杯咖啡

[bā bēi kāfēi   ]

八杯咖啡

[   ]

한 벌

一件

[yí jiàn   ]

一件

[   ]

스웨터 아홉 벌

九件毛衣

[jiǔ jiàn máoyī   ]

九件毛衣

[   ]

선물 열 개

十件礼物

[shí jiàn lǐwù   ]

十件礼物

[   ]

물 12잔

十二杯水

[shí'èr bēi shuǐ]

十二杯水

[ ]

표 20장

二十张票

[èrshí zhāng piào]

二十张票

[ ]

책 200권

两百本书

[liǎng bǎi běn shū]

两百本书

[ ]

스웨터 2,000벌

两千件毛衣

[liǎng qiān jiàn máoyī]

两千件毛衣

[ ]

학생 20,000명

两万个学生

[liǎng wàn ge xuésheng]

两万个学生

[ ]

문장패턴

一 + 个 + 人
하나   개, 명   사람
yí   ge   rén

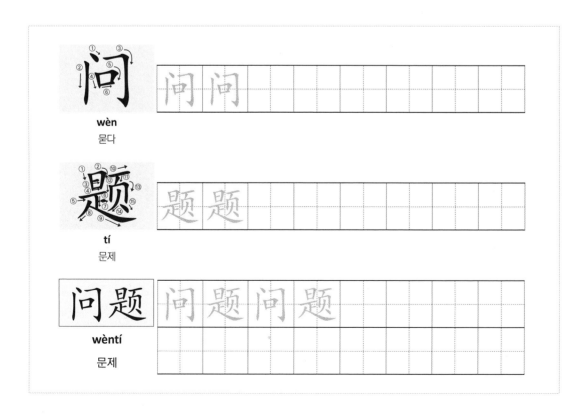

wèn
묻다

tí
문제

问题
wèntí
문제

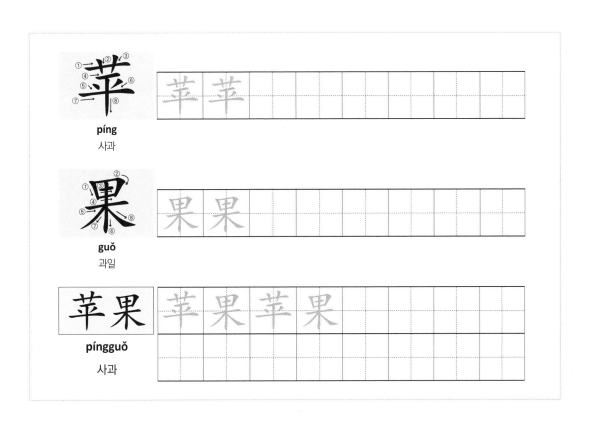

píng
사과

guǒ
과일

píngguǒ
사과

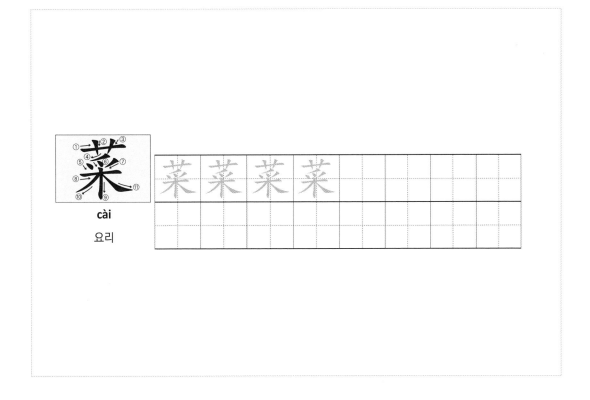

cài
요리

사람 한 명

一个人

[yí ge rén]

一个人

[ ]

학생 두 명

两个学生

[liǎng ge xuésheng]

两个学生

[ ]

친구 세 명

三个朋友

[sān ge péngyou]

三个朋友

[ ]

형(오빠) 네 명

四个哥哥

[sì ge gēge]

四个哥哥

[ ]

아들 다섯 명

五个儿子

[wǔ ge érzi]

五个儿子

[ ]

딸 여섯 명

六个女儿

[liù ge nǚ'ér]

六个女儿

[ ]

문제 일곱 개

七个问题

[qī ge wèntí]

七个问题

[ ]

사과 여덟 개

八个苹果

[bā ge píngguǒ]

八个苹果

[ ]

공책 아홉 개

九个本子

[jiǔ ge běnzi]

九个本子

[ ]

요리 열 개

十个菜

[shí ge cài]

十个菜

[ ]

나는 친구 한 명이 있다.

我有一个朋友。

[Wǒ yǒu yí ge péngyou.]

我有一个朋友。

[ ]

나는 친구 두 명이 있다.

我有两个朋友。

[Wǒ yǒu liǎng ge péngyou.]

我有两个朋友。

[ ]

나는 형(오빠) 한 명이 있다.

我有一个哥哥。

[Wǒ yǒu yí ge gēge.]

我有一个哥哥。

[ ]

나는 형(오빠) 세 명이 있다.

我有三个哥哥。

[Wǒ yǒu sān ge gēge.]

我有三个哥哥。

[ ]

나는 문제 한 개가 있다.

我有一个问题。

[Wǒ yǒu yí ge wèntí.]

我有一个问题。

[ ]

▌나는 문제 네 개가 있다.

我有四个问题。

[**Wǒ yǒu sì ge wèntí.**]

我有四个问题。

[ ]

▌그는 사과 한 개를 산다.

他买一个苹果。

[**Tā mǎi yí ge píngguǒ.**]

他买一个苹果。

[ ]

▌그는 사과 다섯 개를 산다.

他买五个苹果。

[**Tā mǎi wǔ ge píngguǒ.**]

他买五个苹果。

[ ]

▌그녀는 공책 한 개를 산다.

她买一个本子。

[**Tā mǎi yí ge běnzi.**]

她买一个本子。

[ ]

▌그녀는 공책 여섯 개를 산다.

她买六个本子。

[**Tā mǎi liù ge běnzi.**]

她买六个本子。

[ ]

문장패턴

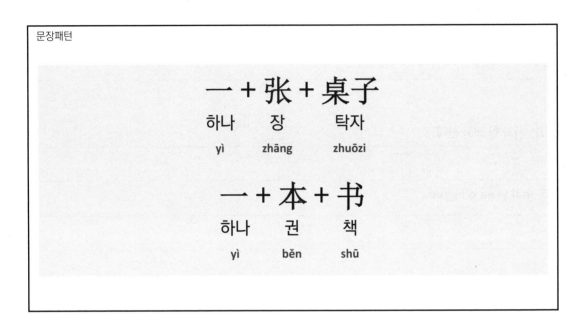

一 ＋ 张 ＋ 桌子
하나　　장　　탁자
yì　　zhāng　　zhuōzi

一 ＋ 本 ＋ 书
하나　　권　　책
yì　　běn　　shū

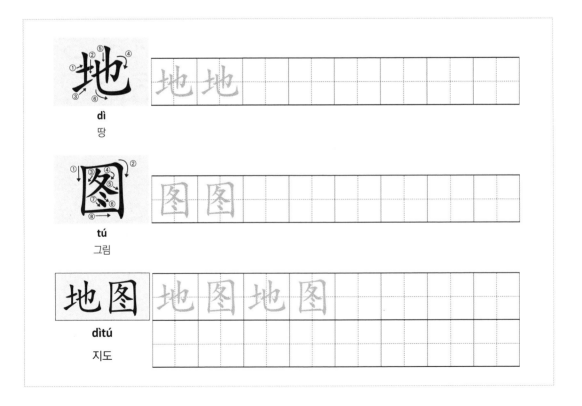

dì
땅

tú
그림

dìtú
지도

zhǐ
종이

zhōng
중국

wén
언어

shū
책

中文书

zhōngwén shū
중국어 책

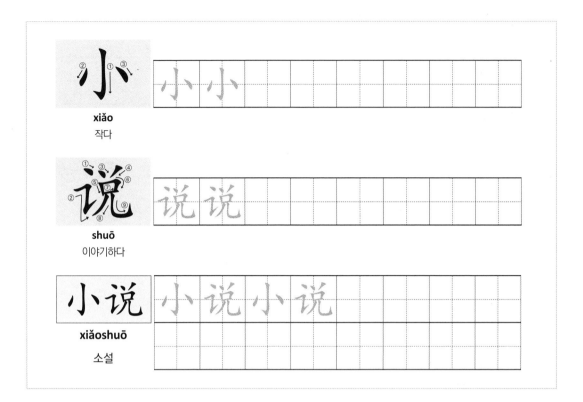

小
xiǎo
작다

说
shuō
이야기하다

小说
xiǎoshuō
소설

탁자 한 개

一张桌子

[yì zhāng zhuōzi   ]

一张桌子

[   ]

사진 두 장

两张照片

[liǎng zhāng zhàopiàn   ]

两张照片

[   ]

표 세 장

三张票

[sān zhāng piào   ]

三张票

[   ]

종이 네 장

四张纸

[sì zhāng zhǐ   ]

四张纸

[   ]

지도 다섯 장

五张地图

[wǔ zhāng dìtú   ]

五张地图

[   ]

책 여섯 권

六本书

[liù běn shū]

六本书

[ ]

중국어 책 일곱 권

七本中文书

[qī běn zhōngwén shū]

七本中文书

[ ]

사전 여덟 권

八本词典

[bā běn cídiǎn]

八本词典

[ ]

잡지 아홉 권

九本杂志

[jiǔ běn zázhì]

九本杂志

[ ]

소설 열 권

十本小说

[shí běn xiǎoshuō]

十本小说

[ ]

▌나는 탁자 한 개를 산다.

我买一张桌子。

[Wǒ mǎi yì zhāng zhuōzi.   ]

我买一张桌子。

[   ]

▌나는 탁자 두 개를 산다.

我买两张桌子。

[Wǒ mǎi liǎng zhāng zhuōzi.   ]

我买两张桌子。

[   ]

▌나는 표 한 장을 산다.

我买一张票。

[Wǒ mǎi yì zhāng piào.   ]

我买一张票。

[   ]

▌나는 표 네 장을 산다.

我买四张票。

[Wǒ mǎi sì zhāng piào.   ]

我买四张票。

[   ]

▌나는 책 한 권을 본다.

我看一本书。

[Wǒ kàn yì běn shū.   ]

我看一本书。

[   ]

나는 책 여섯 권을 본다.

我看六本书。

[Wǒ kàn liù běn shū.]

我看六本书。

[   ]

그는 잡지 한 권을 본다.

他看一本杂志。

[Tā kàn yì běn zázhì.]

他看一本杂志。

[   ]

그는 잡지 여덟 권을 본다.

他看八本杂志。

[Tā kàn bā běn zázhì.]

他看八本杂志。

[   ]

그녀는 소설 한 권을 본다.

她看一本小说。

[Tā kàn yì běn xiǎoshuō.]

她看一本小说。

[   ]

그녀는 소설 열 권을 본다.

她看十本小说。

[Tā kàn shí běn xiǎoshuō.]

她看十本小说。

[   ]

문장패턴

一 ＋ 杯 ＋ 水
하나　　잔　　물
yì　　bēi　　shuǐ

一 ＋ 件 ＋ 衣服
하나　　벌　　옷
yí　　jiàn　　yīfu

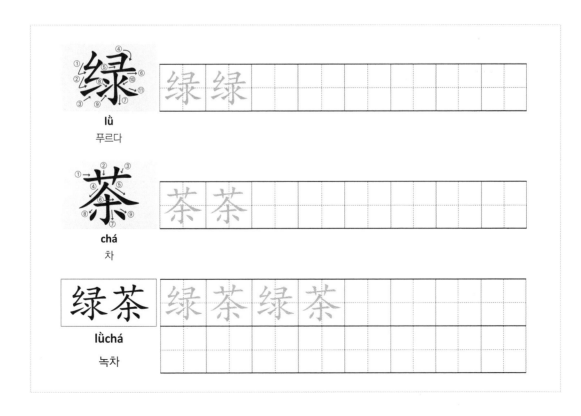

绿　绿　绿
lǜ
푸르다

茶　茶　茶
chá
차

绿茶　绿茶　绿茶
lǜchá
녹차

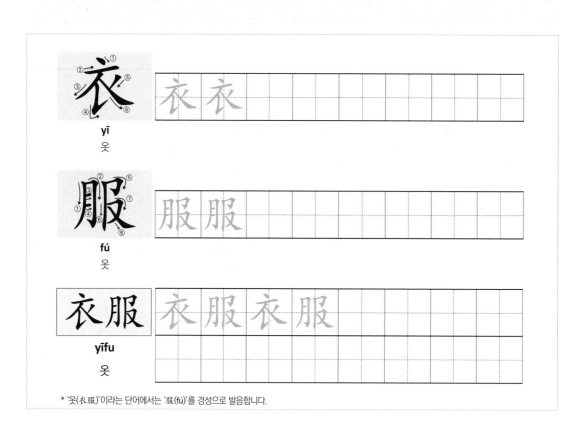

衣 yī 옷

服 fú 옷

衣服 yīfu 옷

* '옷(衣服)'이라는 단어에서는 '服(fú)'를 경성으로 발음합니다.

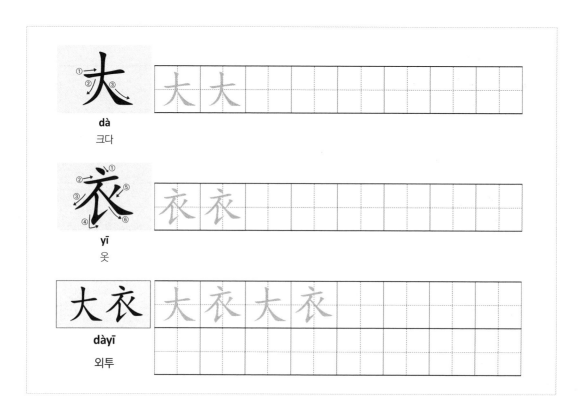

大 dà 크다

衣 yī 옷

大衣 dàyī 외투

물 한 잔

一杯水

[yì bēi shuǐ]

一杯水

[ ]

우유 두 잔

两杯牛奶

[liǎng bēi niúnǎi]

两杯牛奶

[ ]

커피 세 잔

三杯咖啡

[sān bēi kāfēi]

三杯咖啡

[ ]

콜라 네 잔

四杯可乐

[sì bēi kělè]

四杯可乐

[ ]

녹차 다섯 잔

五杯绿茶

[wǔ bēi lǜchá]

五杯绿茶

[ ]

■ 옷 한 벌

一件衣服

[yí jiàn yīfu　　　　　　　　　　　　　　　　　]

一件衣服

[　　　　　　　　　　　　　　　　　　　　　　]

■ 스웨터 여섯 벌

六件毛衣

[liù jiàn máoyī　　　　　　　　　　　　　　　　]

六件毛衣

[　　　　　　　　　　　　　　　　　　　　　　]

■ 외투 일곱 벌

七件大衣

[qī jiàn dàyī　　　　　　　　　　　　　　　　　]

七件大衣

[　　　　　　　　　　　　　　　　　　　　　　]

■ 제복 여덟 벌

八件制服

[bā jiàn zhìfú　　　　　　　　　　　　　　　　　]

八件制服

[　　　　　　　　　　　　　　　　　　　　　　]

■ 선물 아홉 개

九件礼物

[jiǔ jiàn lǐwù　　　　　　　　　　　　　　　　　]

九件礼物

[　　　　　　　　　　　　　　　　　　　　　　]

나는 커피 한 잔을 마신다.

我喝一杯咖啡。

[**Wǒ hē yì bēi kāfēi.**]

我喝一杯咖啡。

[ ]

나는 커피 두 잔을 마신다.

我喝两杯咖啡。

[**Wǒ hē liǎng bēi kāfēi.**]

我喝两杯咖啡。

[ ]

나는 녹차 한 잔을 마신다.

我喝一杯绿茶。

[**Wǒ hē yì bēi lǜchá.**]

我喝一杯绿茶。

[ ]

나는 녹차 세 잔을 마신다.

我喝三杯绿茶。

[**Wǒ hē sān bēi lǜchá.**]

我喝三杯绿茶。

[ ]

나는 스웨터 한 벌을 입는다.

我穿一件毛衣。

[**Wǒ chuān yí jiàn máoyī.**]

我穿一件毛衣。

[ ]

나는 스웨터 네 벌을 입는다.

我穿四件毛衣。

[**Wǒ chuān sì jiàn máoyī.**]

我穿四件毛衣。

[ ]

그는 외투 한 벌을 입는다.

他穿一件大衣。

[**Tā chuān yí jiàn dàyī.**]

他穿一件大衣。

[ ]

그는 외투 다섯 벌을 입는다.

他穿五件大衣。

[**Tā chuān wǔ jiàn dàyī.**]

他穿五件大衣。

[ ]

그녀는 선물 한 개를 산다.

她买一件礼物。

[**Tā mǎi yí jiàn lǐwù.**]

她买一件礼物。

[ ]

그녀는 선물 아홉 개를 산다.

她买九件礼物。

[**Tā mǎi jiǔ jiàn lǐwù.**]

她买九件礼物。

[ ]

45강

문장패턴

$$这 + 个 + 学生$$

이(것) 명(개) 학생

zhè   ge   xuésheng

$$那 + 个 + 学生$$

그(것) 명(개) 학생

nà   ge   xuésheng

중국어 양사의 다양한 쓰임

중국어에서 양사는 수량을 나타낼 때뿐만 아니라 '이것, 저것' 등 지시의 의미를 나타낼 때에도 사용됩니다.

예문
这个学生 이 학생
zhè ge xuésheng
那个学生 그 학생
nà ge xuésheng
这本书 이 책
zhè běn shū
那本书 그 책
nà běn shū

이 학생

这个学生

[zhè ge xuésheng]

这个学生

[ ]

그 학생

那个学生

[nà ge xuésheng]

那个学生

[ ]

이 사과

这个苹果

[zhè ge píngguǒ]

这个苹果

[ ]

그 사과

那个苹果

[nà ge píngguǒ]

那个苹果

[ ]

이 탁자

这张桌子

[zhè zhāng zhuōzi]

这张桌子

[ ]

그 탁자

那张桌子

[nà zhāng zhuōzi   ]

那张桌子

[   ]

이 사진

这张照片

[zhè zhāng zhàopiàn   ]

这张照片

[   ]

그 사진

那张照片

[nà zhāng zhàopiàn   ]

那张照片

[   ]

이 책

这本书

[zhè běn shū   ]

这本书

[   ]

그 책

那本书

[nà běn shū   ]

那本书

[   ]

이 잡지

这本杂志

[zhè běn zázhì   ]

这本杂志

[   ]

그 잡지

那本杂志

[nà běn zázhì   ]

那本杂志

[   ]

이 우유

这杯牛奶

[zhè bēi niúnǎi   ]

这杯牛奶

[   ]

그 우유

那杯牛奶

[nà bēi niúnǎi   ]

那杯牛奶

[   ]

이 녹차

这杯绿茶

[zhè bēi lǜchá   ]

这杯绿茶

[   ]

그 녹차

那杯绿茶

[nà bēi lǜchá   ]

那杯绿茶

[   ]

이 옷

这件衣服

[zhè jiàn yīfu   ]

这件衣服

[   ]

그 옷

那件衣服

[nà jiàn yīfu   ]

那件衣服

[   ]

이 선물

这件礼物

[zhè jiàn lǐwù   ]

这件礼物

[   ]

그 선물

那件礼物

[nà jiàn lǐwù   ]

那件礼物

[   ]

문장패턴

我 + 买 + 这 + 个 + 苹果

나는	사다	이(것)	개	사과
Wǒ	mǎi	zhè	ge	píngguǒ

苹果 píngguǒ	사과	书 shū	책
杂志 zázhì	잡지	小说 xiǎoshuō	소설
咖啡 kāfēi	커피	可乐 kělè	콜라
绿茶 lǜchá	녹차	毛衣 máoyī	스웨터
大衣 dàyī	외투	礼物 lǐwù	선물

나는 이 사과를 산다.

我买这个苹果。

[Wǒ mǎi zhè ge píngguǒ.]

我买这个苹果。

[ ]

나는 그 사과를 산다.

我买那个苹果。

[Wǒ mǎi nà ge píngguǒ.]

我买那个苹果。

[ ]

나는 이 책을 본다.

我看这本书。

[Wǒ kàn zhè běn shū.]

我看这本书。

[ ]

나는 그 책을 본다.

我看那本书。

[Wǒ kàn nà běn shū.]

我看那本书。

[ ]

나는 이 잡지를 본다.

我看这本杂志。

[Wǒ kàn zhè běn zázhì.]

我看这本杂志。

[ ]

나는 그 잡지를 본다.

我看那本杂志。

[Wǒ kàn nà běn zázhì.]

我看那本杂志。

[ ]

나는 이 소설을 본다.

我看这本小说。

[Wǒ kàn zhè běn xiǎoshuō.]

我看这本小说。

[ ]

나는 그 소설을 본다.

我看那本小说。

[Wǒ kàn nà běn xiǎoshuō.]

我看那本小说。

[ ]

나는 이 커피를 마신다.

我喝这杯咖啡。

[Wǒ hē zhè bēi kāfēi.]

我喝这杯咖啡。

[ ]

나는 그 커피를 마신다.

我喝那杯咖啡。

[Wǒ hē nà bēi kāfēi.]

我喝那杯咖啡。

[ ]

나는 이 콜라를 마신다.

我喝这杯可乐。

[Wǒ hē zhè bēi kělè.]

我喝这杯可乐。

[ ]

나는 그 콜라를 마신다.

我喝那杯可乐。

[Wǒ hē nà bēi kělè.]

我喝那杯可乐。

[ ]

나는 이 녹차를 마신다.

我喝这杯绿茶。

[Wǒ hē zhè bēi lǜchá.]

我喝这杯绿茶。

[ ]

나는 그 녹차를 마신다.

我喝那杯绿茶。

[Wǒ hē nà bēi lǜchá.]

我喝那杯绿茶。

[ ]

나는 이 스웨터를 입는다.

我穿这件毛衣。

[Wǒ chuān zhè jiàn máoyī.]

我穿这件毛衣。

[ ]

나는 그 스웨터를 입는다.

我穿那件毛衣。

[**Wǒ chuān nà jiàn máoyī.**]

我穿那件毛衣。

[ ]

나는 이 외투를 입는다.

我穿这件大衣。

[**Wǒ chuān zhè jiàn dàyī.**]

我穿这件大衣。

[ ]

나는 그 외투를 입는다.

我穿那件大衣。

[**Wǒ chuān nà jiàn dàyī.**]

我穿那件大衣。

[ ]

나는 이 선물을 산다.

我买这件礼物。

[**Wǒ mǎi zhè jiàn lǐwù.**]

我买这件礼物。

[ ]

나는 그 선물을 산다.

我买那件礼物。

[**Wǒ mǎi nà jiàn lǐwù.**]

我买那件礼物。

[ ]

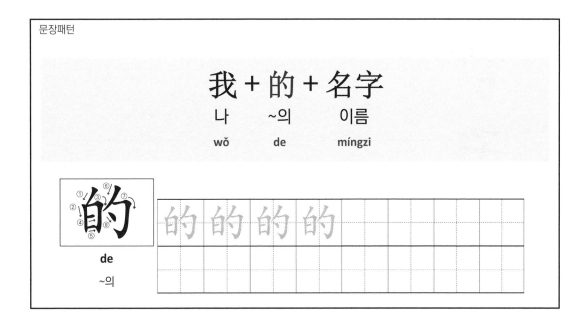

문장패턴

我 + 的 + 名字

나　　 ~의　　 이름

wǒ　　de　　míngzi

的

de

~의

소유의 의미 '的(de)'

중국어에서 소유의 의미를 나타낼 때에는 的(de)를 붙여 줍니다.

예문　我的书　wǒ de shū　나의 책

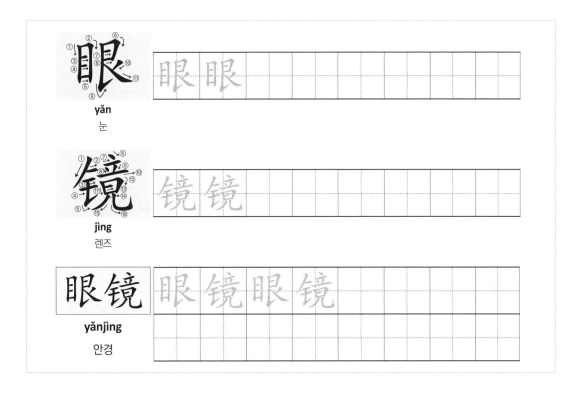

yǎn

눈

jìng

렌즈

眼镜

yǎnjìng

안경

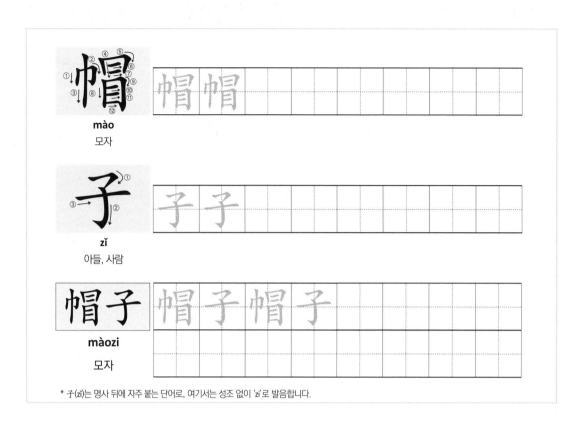

mào

모자

zǐ

아들, 사람

màozi

모자

* 子(zǐ)는 명사 뒤에 자주 붙는 단어로, 여기서는 성조 없이 'zi'로 발음합니다.

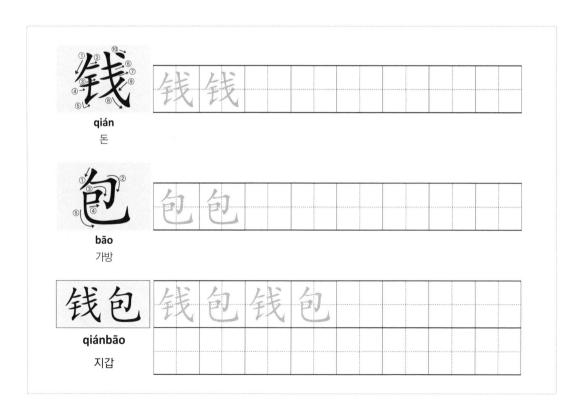

qián

돈

bāo

가방

qiánbāo

지갑

电
diàn
전기

话
huà
말

号
hào
번호

码
mǎ
숫자 부호

电话号码
diànhuàhàomǎ
전화번호

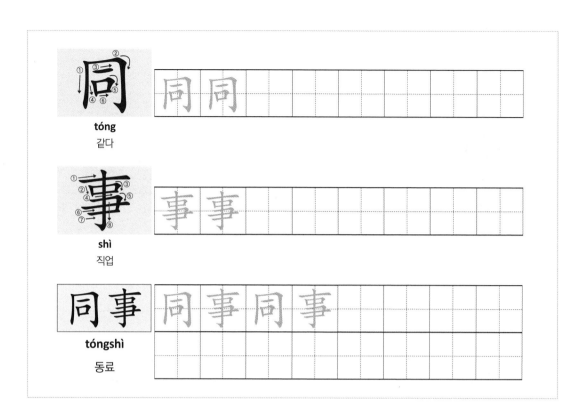

tóng
같다

shì
직업

tóngshì
동료

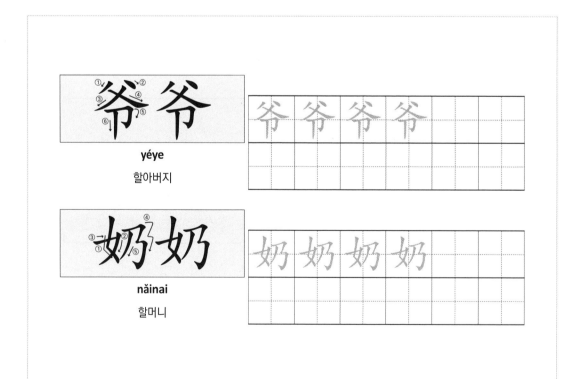

yéye
할아버지

nǎinai
할머니

나의 이름

我的名字

[**wǒ de míngzi**]

我的名字

[ ]

나의 휴대전화

我的手机

[**wǒ de shǒujī**]

我的手机

[ ]

나의 옷

我的衣服

[**wǒ de yīfu**]

我的衣服

[ ]

나의 안경

我的眼镜

[**wǒ de yǎnjìng**]

我的眼镜

[ ]

나의 모자

我的帽子

[**wǒ de màozi**]

我的帽子

[ ]

나의 지갑

我的钱包

[wǒ de qiánbāo]

我的钱包

[ ]

나의 전화번호

我的电话号码

[wǒ de diànhuàhàomǎ]

我的电话号码

[ ]

나의 동료

我的同事

[wǒ de tóngshì]

我的同事

[ ]

나의 할아버지

我的爷爷

[wǒ de yéye]

我的爷爷

[ ]

나의 할머니

我的奶奶

[wǒ de nǎinai]

我的奶奶

[ ]

너의 우산

你的雨伞

[nǐ de yǔsǎn   ]

你的雨伞

[   ]

너의 의자

你的椅子

[nǐ de yǐzi   ]

你的椅子

[   ]

그의 짐

他的行李

[tā de xíngli   ]

他的行李

[   ]

그의 사전

他的词典

[tā de cídiǎn   ]

他的词典

[   ]

그녀의 사진

她的照片

[tā de zhàopiàn   ]

她的照片

[   ]

그녀의 그림

她的画儿

[**tā de huàr**]

她的画儿

[ ]

친구의 책

朋友的书

[**péngyou de shū**]

朋友的书

[ ]

아빠의 바지

爸爸的裤子

[**bàba de kùzi**]

爸爸的裤子

[ ]

엄마의 치마

妈妈的裙子

[**māma de qúnzi**]

妈妈的裙子

[ ]

남동생의 선물

弟弟的礼物

[**dìdi de lǐwù**]

弟弟的礼物

[ ]

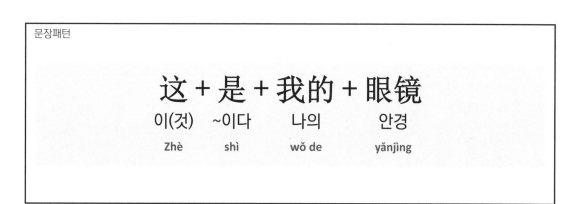

문장패턴

这 + 是 + 我的 + 眼镜
이(것)　~이다　나의　안경
Zhè　shì　wǒ de　yǎnjìng

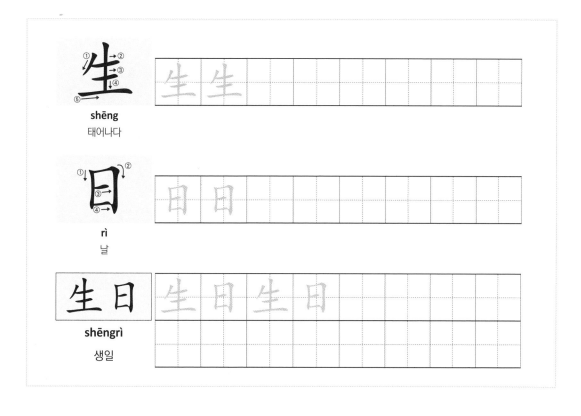

shēng
태어나다

rì
날

shēngrì
생일

qíng
상황

kuàng
사정

qíngkuàng
상황

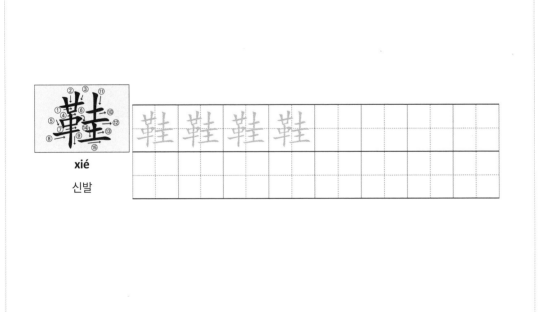

xié
신발

이것은 나의 안경이다.

这是我的眼镜。

[Zhè shì wǒ de yǎnjìng.]

这是我的眼镜。

[   ]

그것은 너의 안경이다.

那是你的眼镜。

[Nà shì nǐ de yǎnjìng.]

那是你的眼镜。

[   ]

이것은 나의 지갑이다.

这是我的钱包。

[Zhè shì wǒ de qiánbāo.]

这是我的钱包。

[   ]

그것은 너의 지갑이다.

那是你的钱包。

[Nà shì nǐ de qiánbāo.]

那是你的钱包。

[   ]

그는 나의 동료이다.

他是我的同事。

[Tā shì wǒ de tóngshì.]

他是我的同事。

[   ]

▌그녀는 너의 동료이다.

她是你的同事。

[Tā shì nǐ de tóngshì.]

她是你的同事。

[ ]

▌오늘은 나의 생일이다.

今天是我的生日。

[Jīntiān shì wǒ de shēngrì.]

今天是我的生日。

[ ]

▌내일은 너의 생일이다.

明天是你的生日。

[Míngtiān shì nǐ de shēngrì.]

明天是你的生日。

[ ]

▌나는 나의 책을 본다.

我看我的书。

[Wǒ kàn wǒ de shū.]

我看我的书。

[ ]

▌너는 그의 책을 본다.

你看他的书。

[Nǐ kàn tā de shū.]

你看他的书。

[ ]

▌나는 나의 잡지를 본다.

我看我的杂志。

[Wǒ kàn wǒ de zázhì.]

我看我的杂志。

[ ]

▌너는 그녀의 잡지를 본다.

你看她的杂志。

[Nǐ kàn tā de zázhì.]

你看她的杂志。

[ ]

▌나는 나의 상황을 말한다.

我说我的情况。

[Wǒ shuō wǒ de qíngkuàng.]

我说我的情况。

[ ]

▌그는 너의 상황을 말한다.

他说你的情况。

[Tā shuō nǐ de qíngkuàng.]

他说你的情况。

[ ]

▌나는 나의 이름을 쓴다.

我写我的名字。

[Wǒ xiě wǒ de míngzi.]

我写我的名字。

[ ]

그녀는 친구의 이름을 쓴다.

她写朋友的名字。

[Tā xiě péngyou de míngzi.]

她写朋友的名字。

[   ]

나는 나의 빵을 먹는다.

我吃我的面包。

[Wǒ chī wǒ de miànbāo.]

我吃我的面包。

[   ]

형은 남동생의 빵을 먹는다.

哥哥吃弟弟的面包。

[Gēge chī dìdi de miànbāo.]

哥哥吃弟弟的面包。

[   ]

나는 나의 신발을 신는다.

我穿我的鞋。

[Wǒ chuān wǒ de xié.]

我穿我的鞋。

[   ]

언니는 여동생의 신발을 신는다.

姐姐穿妹妹的鞋。

[Jiějie chuān mèimei de xié.]

姐姐穿妹妹的鞋。

[   ]

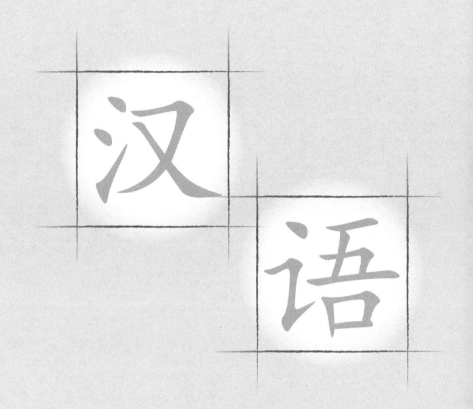

중국어 진행형, 과거형
중국어 형용사 문장
연습하기

- 진행형 在

- 과거형 了

- 형용사

문장패턴

我 + 在 + 看 + 书
나는 ~하고 있다 보다 책
Wǒ zài kàn shū

在

zài

~하고 있다

진행형을 나타내는 '在(zài)'

중국어에서 '~하고 있다'라는 의미의 진행형을 나타낼 때에는 동사 앞에 在(zài)를 붙여 줍니다.

예문 我在看书。 나는 책을 보고 있다.

Wǒ zài kàn shū.

我在听音乐。 나는 음악을 듣고 있다.

Wǒ zài tīng yīnyuè.

▌나는 책을 본다.

我看书。

[**Wǒ kàn shū.**]

我看书。

[ ]

▌나는 책을 보고 있다.

我在看书。

[**Wǒ zài kàn shū.**]

我在看书。

[ ]

▌나는 중국어 책을 본다.

我看中文书。

[**Wǒ kàn zhōngwén shū.**]

我看中文书。

[ ]

▌나는 중국어 책을 보고 있다.

我在看中文书。

[**Wǒ zài kàn zhōngwén shū.**]

我在看中文书。

[ ]

▌나는 신문을 본다.

我看报纸。

[**Wǒ kàn bàozhǐ.**]

我看报纸。

[ ]

■ 나는 신문을 보고 있다.

我在看报纸。

[Wǒ zài kàn bàozhǐ.]

我在看报纸。

[   ]

■ 나는 영화를 본다.

我看电影。

[Wǒ kàn diànyǐng.]

我看电影。

[   ]

■ 나는 영화를 보고 있다.

我在看电影。

[Wǒ zài kàn diànyǐng.]

我在看电影。

[   ]

■ 나는 텔레비전을 본다.

我看电视。

[Wǒ kàn diànshì.]

我看电视。

[   ]

■ 나는 텔레비전을 보고 있다.

我在看电视。

[Wǒ zài kàn diànshì.]

我在看电视。

[   ]

나는 드라마를 본다.

我看电视剧。

[Wǒ kàn diànshìjù.　　　　　　　　　　　　　　　　　　　　]

我看电视剧。

[　　　　　　　　　　　　　　　　　　　　　　　　　　　　]

나는 드라마를 보고 있다.

我在看电视剧。

[Wǒ zài kàn diànshìjù.　　　　　　　　　　　　　　　　　　]

我在看电视剧。

[　　　　　　　　　　　　　　　　　　　　　　　　　　　　]

나는 잡지를 본다.

我看杂志。

[Wǒ kàn zázhì.　　　　　　　　　　　　　　　　　　　　　　]

我看杂志。

[　　　　　　　　　　　　　　　　　　　　　　　　　　　　]

나는 잡지를 보고 있다.

我在看杂志。

[Wǒ zài kàn zázhì.　　　　　　　　　　　　　　　　　　　　]

我在看杂志。

[　　　　　　　　　　　　　　　　　　　　　　　　　　　　]

나는 음악을 듣는다.

我听音乐。

[Wǒ tīng yīnyuè.　　　　　　　　　　　　　　　　　　　　　]

我听音乐。

[　　　　　　　　　　　　　　　　　　　　　　　　　　　　]

| 나는 음악을 듣고 있다.

我在听音乐。

[Wǒ zài tīng yīnyuè.]

我在听音乐。

[ ]

| 나는 외국 음악을 듣는다.

我听外国音乐。

[Wǒ tīng wàiguó yīnyuè.]

我听外国音乐。

[ ]

| 나는 외국 음악을 듣고 있다.

我在听外国音乐。

[Wǒ zài tīng wàiguó yīnyuè.]

我在听外国音乐。

[ ]

| 나는 중국어 수업을 듣는다.

我听汉语课。

[Wǒ tīng Hànyǔ kè.]

我听汉语课。

[ ]

| 나는 중국어 수업을 듣고 있다.

我在听汉语课。

[Wǒ zài tīng Hànyǔ kè.]

我在听汉语课。

[ ]

문장패턴

我 + 在 + 吃 + 晚饭
나는 ~하고 있다 먹다 저녁밥
Wǒ　　zài　　chī　　wǎnfàn

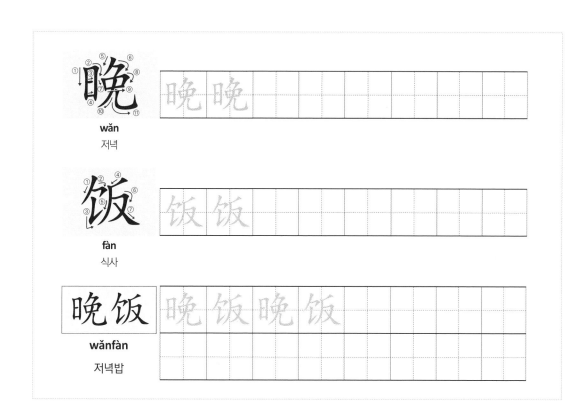

晚
wǎn
저녁

饭
fàn
식사

晚饭
wǎnfàn
저녁밥

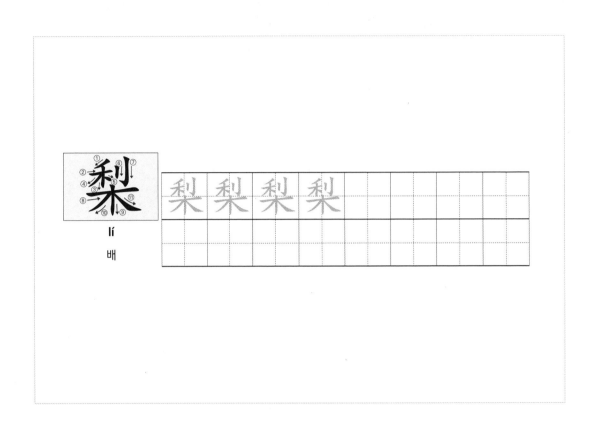

lí

배

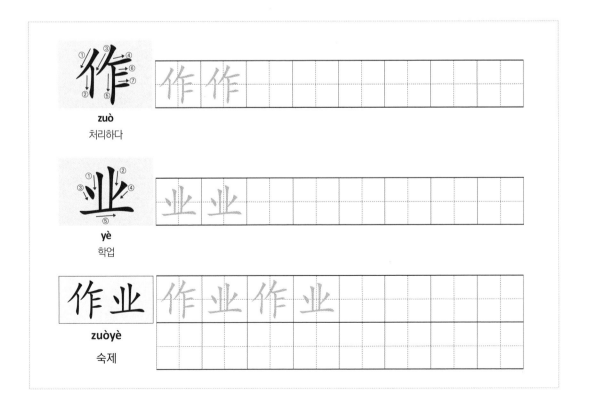

zuò

처리하다

yè

학업

zuòyè

숙제

▌나는 저녁밥을 먹는다.

我吃晚饭。

[Wǒ chī wǎnfàn.]

我吃晚饭。

[ ]

▌나는 저녁밥을 먹고 있다.

我在吃晚饭。

[Wǒ zài chī wǎnfàn.]

我在吃晚饭。

[ ]

▌나는 국수를 먹는다.

我吃面条。

[Wǒ chī miàntiáo.]

我吃面条。

[ ]

▌나는 국수를 먹고 있다.

我在吃面条。

[Wǒ zài chī miàntiáo.]

我在吃面条。

[ ]

▌나는 빵을 먹는다.

我吃面包。

[Wǒ chī miànbāo.]

我吃面包。

[ ]

▎나는 빵을 먹고 있다.

我在吃面包。

[Wǒ zài chī miànbāo.]

我在吃面包。

[ ]

▎나는 배를 먹는다.

我吃梨。

[Wǒ chī lí.]

我吃梨。

[ ]

▎나는 배를 먹고 있다.

我在吃梨。

[Wǒ zài chī lí.]

我在吃梨。

[ ]

▎나는 물을 마신다.

我喝水。

[Wǒ hē shuǐ.]

我喝水。

[ ]

▎나는 물을 마시고 있다.

我在喝水。

[Wǒ zài hē shuǐ.]

我在喝水。

[ ]

나는 우유를 마신다.

我喝牛奶。

[Wǒ hē niúnǎi.]

我喝牛奶。

[ ]

나는 우유를 마시고 있다.

我在喝牛奶。

[Wǒ zài hē niúnǎi.]

我在喝牛奶。

[ ]

나는 녹차를 마신다.

我喝绿茶。

[Wǒ hē lǜchá.]

我喝绿茶。

[ ]

나는 녹차를 마시고 있다.

我在喝绿茶。

[Wǒ zài hē lǜchá.]

我在喝绿茶。

[ ]

나는 밥을 한다.

我做饭。

[Wǒ zuò fàn.]

我做饭。

[ ]

나는 밥을 하고 있다.

我在做饭。

[**Wǒ zài zuò fàn.**]

我在做饭。

[ ]

나는 요리를 한다.

我做菜。

[**Wǒ zuò cài.**]

我做菜。

[ ]

나는 요리를 하고 있다.

我在做菜。

[**Wǒ zài zuò cài.**]

我在做菜。

[ ]

나는 숙제를 한다.

我做作业。

[**Wǒ zuò zuòyè.**]

我做作业。

[ ]

나는 숙제를 하고 있다.

我在做作业。

[**Wǒ zài zuò zuòyè.**]

我在做作业。

[ ]

문장패턴

我 + 在 + 看 + 一本 + 书
나는 ~하고 있다 보다 한 권 책
Wǒ zài kàn yì běn shū

měi
미국

shì
스타일

kā

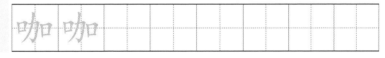

fēi

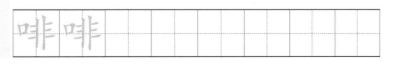

美式咖啡

měishì kāfēi

아메리카노 커피

▌나는 책을 보고 있다.

我在看书。

[Wǒ zài kàn shū.]

我在看书。

[ ]

▌나는 책 한 권을 보고 있다.

我在看一本书。

[Wǒ zài kàn yì běn shū.]

我在看一本书。

[ ]

▌나는 이 책을 보고 있다.

我在看这本书。

[Wǒ zài kàn zhè běn shū.]

我在看这本书。

[ ]

▌나는 친구의 책을 보고 있다.

我在看朋友的书。

[Wǒ zài kàn péngyou de shū.]

我在看朋友的书。

[ ]

▌나는 소설을 보고 있다.

我在看小说。

[Wǒ zài kàn xiǎoshuō.]

我在看小说。

[ ]

▎나는 소설 한 권을 보고 있다.

我在看一本小说。

[**Wǒ zài kàn yì běn xiǎoshuō.**]

我在看一本小说。

[ ]

▎나는 이 소설을 보고 있다.

我在看这本小说。

[**Wǒ zài kàn zhè běn xiǎoshuō.**]

我在看这本小说。

[ ]

▎나는 영국 소설을 보고 있다.

我在看英国小说。

[**Wǒ zài kàn Yīngguó xiǎoshuō.**]

我在看英国小说。

[ ]

▎나는 잡지를 보고 있다.

我在看杂志。

[**Wǒ zài kàn zázhì.**]

我在看杂志。

[ ]

▎나는 잡지 한 권을 보고 있다.

我在看一本杂志。

[**Wǒ zài kàn yì běn zázhì.**]

我在看一本杂志。

[ ]

나는 이 잡지를 보고 있다.

我在看这本杂志。

[Wǒ zài kàn zhè běn zázhì.]

我在看这本杂志。

[ ]

나는 영화 잡지를 보고 있다.

我在看电影杂志。

[Wǒ zài kàn diànyǐng zázhì.]

我在看电影杂志。

[ ]

나는 요리를 하고 있다.

我在做菜。

[Wǒ zài zuò cài.]

我在做菜。

[ ]

나는 요리 두 개를 하고 있다.

我在做两个菜。

[Wǒ zài zuò liǎng ge cài.]

我在做两个菜。

[ ]

나는 이 요리를 하고 있다.

我在做这个菜。

[Wǒ zài zuò zhè ge cài.]

我在做这个菜。

[ ]

나는 중국 요리를 하고 있다.

我在做中国菜。

[**Wǒ zài zuò zhōngguócài.**]

我在做中国菜。

[ ]

나는 커피를 마시고 있다.

我在喝咖啡。

[**Wǒ zài hē kāfēi.**]

我在喝咖啡。

[ ]

나는 커피 한 잔을 마시고 있다.

我在喝一杯咖啡。

[**Wǒ zài hē yì bēi kāfēi.**]

我在喝一杯咖啡。

[ ]

나는 이 커피를 마시고 있다.

我在喝这杯咖啡。

[**Wǒ zài hē zhè bēi kāfēi.**]

我在喝这杯咖啡。

[ ]

나는 아메리카노 커피를 마시고 있다.

我在喝美式咖啡。

[**Wǒ zài hē měishì kāfēi.**]

我在喝美式咖啡。

[ ]

문장패턴

你 + 在 + 看 + 书 + 吗?
너는 ~하고 있다 보다   책   (의문)
Nǐ   zài   kàn   shū   ma

중국어의 진행 의문문과 부정문

중국어의 진행형에서 의문 문장을 만들 때에는 문장 끝에 吗(ma)를 붙입니다. 부정 문장을 만들 때는 동사 앞의 在(zài)를 빼고, 没(有)(méi(yǒu))를 붙입니다.

예문   A : 你在看书吗? 너는 책을 보고 있니?

       Nǐ zài kàn shū ma?

     B : 我没看书。 나는 책을 보고 있지 않아.

       Wǒ méi kàn shū.

'在 + 동사' 뒤에 什么(shénme)를 넣으면 '무엇을 ~하고 있니?'라는 문장이 됩니다.

예문   你在看什么? 너는 무엇을 보고 있니?

      Nǐ zài kàn shénme?

     A : 你在看什么书? 너는 무슨 책을 보고 있니?

       Nǐ zài kàn shénme shū?

     B : 我在看中文书。 나는 중국어 책을 보고 있어.

       Wǒ zài kàn zhōngwén shū.

踢

tī

(발로) 차다

踢 踢 踢 踢

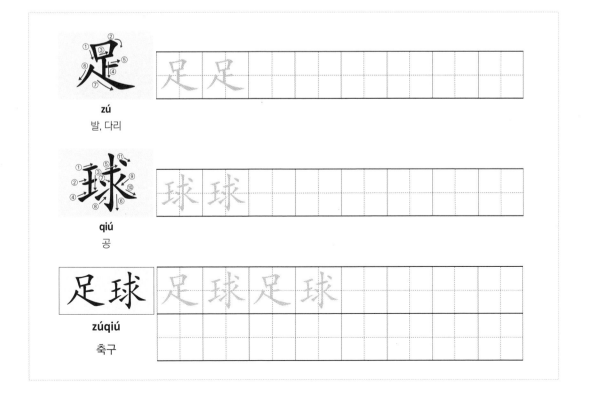

足

zú

발, 다리

足 足

球

qiú

공

球 球

足球

zúqiú

축구

足球 足球

너는 책을 보고 있니?

你在看书吗?

[Nǐ zài kàn shū ma?]

你在看书吗?

[ ]

나는 책을 보고 있어.

我在看书。

[Wǒ zài kàn shū.]

我在看书。

[ ]

너는 음악을 듣고 있니?

你在听音乐吗?

[Nǐ zài tīng yīnyuè ma?]

你在听音乐吗?

[ ]

나는 음악을 듣고 있지 않아.

我没听音乐。

[Wǒ méi tīng yīnyuè.]

我没听音乐。

[ ]

너는 밥을 먹고 있니?

你在吃饭吗?

[Nǐ zài chī fàn ma?]

你在吃饭吗?

[ ]

▌나는 밥을 먹고 있어.

我在吃饭。

[Wǒ zài chī fàn.]

我在吃饭。

[ ]

▌그는 차를 마시고 있니?

他在喝茶吗?

[Tā zài hē chá ma?]

他在喝茶吗?

[ ]

▌그는 차를 마시고 있지 않아.

他没喝茶。

[Tā méi hē chá.]

他没喝茶。

[ ]

▌그녀는 운동을 하고 있니?

她在做运动吗?

[Tā zài zuò yùndòng ma?]

她在做运动吗?

[ ]

▌그녀는 운동을 하고 있어.

她在做运动。

[Tā zài zuò yùndòng.]

她在做运动。

[ ]

너는 무슨 책을 보고 있니?

你在看什么书?

[Nǐ zài kàn shénme shū?]

你在看什么书?

[   ]

나는 중국어 책을 보고 있어.

我在看中文书。

[Wǒ zài kàn zhōngwén shū.]

我在看中文书。

[   ]

너는 무슨 음악을 듣고 있니?

你在听什么音乐?

[Nǐ zài tīng shénme yīnyuè?]

你在听什么音乐?

[   ]

나는 외국 음악을 듣고 있어.

我在听外国音乐。

[Wǒ zài tīng wàiguó yīnyuè.]

我在听外国音乐。

[   ]

너는 무슨 요리를 먹고 있니?

你在吃什么菜?

[Nǐ zài chī shénme cài?]

你在吃什么菜?

[   ]

나는 일본 요리를 먹고 있어.

我在吃日本菜。

[Wǒ zài chī Rìběn cài.]

我在吃日本菜。

[ ]

그는 무슨 차를 마시고 있니?

他在喝什么茶？

[Tā zài hē shénme chá?]

他在喝什么茶？

[ ]

그는 녹차를 마시고 있어.

他在喝绿茶。

[Tā zài hē lǜchá.]

他在喝绿茶。

[ ]

그녀는 무슨 운동을 하고 있니?

她在做什么运动？

[Tā zài zuò shénme yùndòng?]

她在做什么运动？

[ ]

그녀는 축구를 하고 있어.

她在踢足球。

[Tā zài tī zúqiú.]

她在踢足球。

[ ]

문장패턴

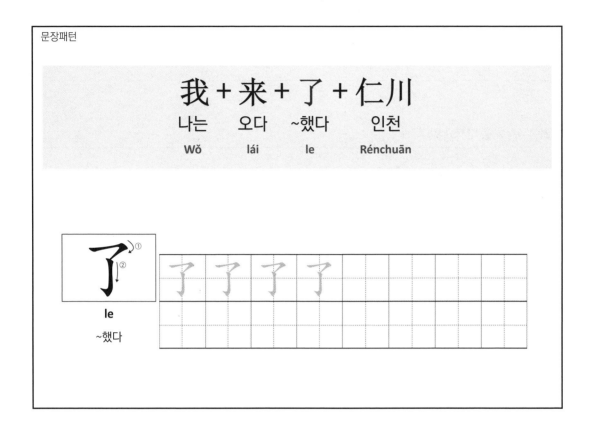

我 + 来 + 了 + 仁川
나는   오다   ~했다   인천
Wǒ   lái   le   Rénchuān

了
le
~했다

과거형을 나타내는 '了(le)'

중국어에서 '~했다'라는 의미의 과거형을 나타낼 때에는 동사 뒤에 了(le)를 붙여 줍니다.

예문   我看了书。 나는 책을 봤다.
　　　Wǒ kàn le shū.

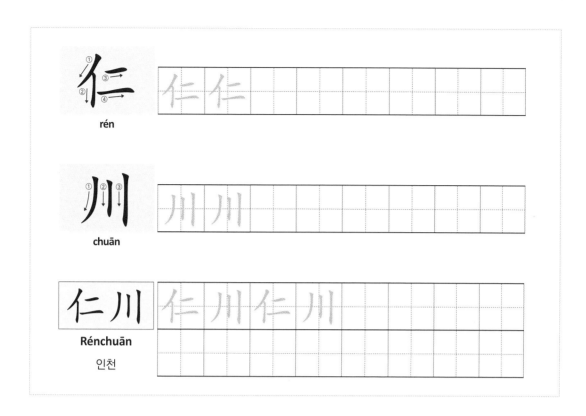

仁 rén

川 chuān

仁川 Rénchuān
인천

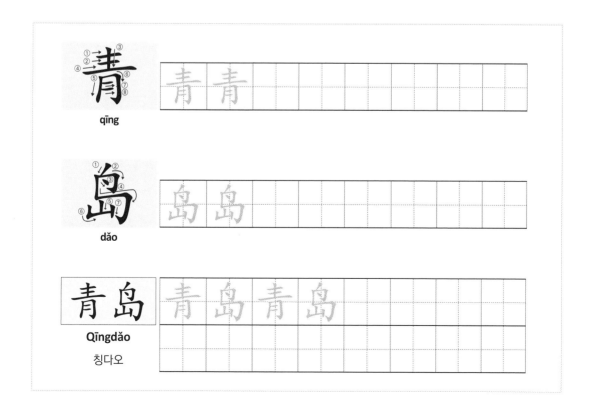

青 qīng

岛 dǎo

青岛 Qīngdǎo
칭다오

洗
xǐ
씻다

手
shǒu
손

间
jiān
방

洗手间
xǐshǒujiān
화장실

机
jī
비행기

场
chǎng
장소

机场
jīchǎng
공항

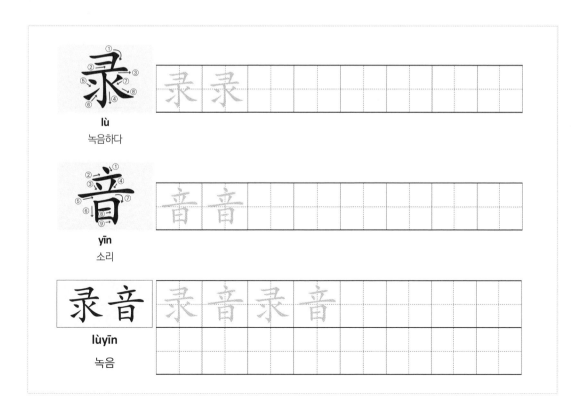

录
lù
녹음하다

音
yīn
소리

录音
lùyīn
녹음

北
běi
북쪽

京
jīng
수도

烤
kǎo
굽다

鸭
yā
오리

北京烤鸭
Běijīng kǎoyā
북경 오리

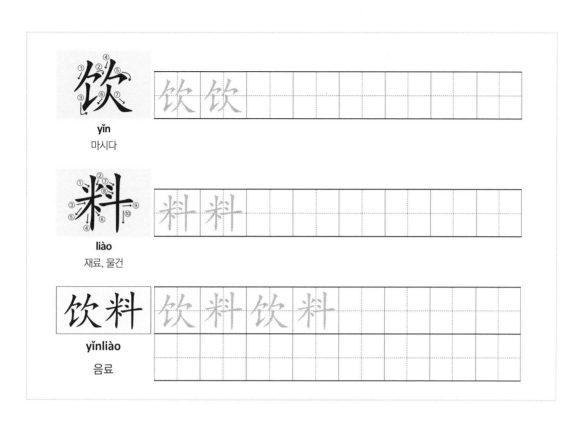

饮
yǐn
마시다

料
liào
재료, 물건

饮料
yǐnliào
음료

┃ 나는 인천에 온다.

我来仁川。

[Wǒ lái Rénchuān.]

我来仁川。

[ ]

┃ 나는 인천에 왔다.

我来了仁川。

[Wǒ lái le Rénchuān.]

我来了仁川。

[ ]

┃ 나는 칭다오에 온다.

我来青岛。

[Wǒ lái Qīngdǎo.]

我来青岛。

[ ]

┃ 나는 칭다오에 왔다.

我来了青岛。

[Wǒ lái le Qīngdǎo.]

我来了青岛。

[ ]

┃ 나는 화장실에 간다.

我去洗手间。

[Wǒ qù xǐshǒujiān.]

我去洗手间。

[ ]

나는 화장실에 갔다.

我去了洗手间。

[Wǒ qù le xǐshǒujiān.]

我去了洗手间。

[ ]

나는 공항에 간다.

我去机场。

[Wǒ qù jīchǎng.]

我去机场。

[ ]

나는 공항에 갔다.

我去了机场。

[Wǒ qù le jīchǎng.]

我去了机场。

[ ]

나는 영화를 본다.

我看电影。

[Wǒ kàn diànyǐng.]

我看电影。

[ ]

나는 영화를 봤다.

我看了电影。

[Wǒ kàn le diànyǐng.]

我看了电影。

[ ]

나는 녹음을 듣는다.

我听录音。

[Wǒ tīng lùyīn.   ]

我听录音。

[   ]

나는 녹음을 들었다.

我听了录音。

[Wǒ tīng le lùyīn.   ]

我听了录音。

[   ]

나는 저녁밥을 먹는다.

我吃晚饭。

[Wǒ chī wǎnfàn.   ]

我吃晚饭。

[   ]

나는 저녁밥을 먹었다.

我吃了晚饭。

[Wǒ chī le wǎnfàn.   ]

我吃了晚饭。

[   ]

나는 북경 오리를 먹는다.

我吃北京烤鸭。

[Wǒ chī Běijīng kǎoyā.   ]

我吃北京烤鸭。

[   ]

나는 북경 오리를 먹었다.

我吃了北京烤鸭。

[Wǒ chī le Běijīng kǎoyā.]

我吃了北京烤鸭。

[ ]

나는 음료를 마신다.

我喝饮料。

[Wǒ hē yǐnliào.]

我喝饮料。

[ ]

나는 음료를 마셨다.

我喝了饮料。

[Wǒ hē le yǐnliào.]

我喝了饮料。

[ ]

나는 녹차를 마신다.

我喝绿茶。

[Wǒ hē lǜchá.]

我喝绿茶。

[ ]

나는 녹차를 마셨다.

我喝了绿茶。

[Wǒ hē le lǜchá.]

我喝了绿茶。

[ ]

문장패턴

我 + 已经 + 穿 + 衣服 + 了
나는   이미   입다   옷   ~했다
Wǒ   yǐjing   chuān   yīfu   le

已经(yǐjing)은 '이미'라는 뜻을 가진 부사 단어로, 동사 앞에 '已经'을 붙이면 '이미 ~했다'라는 의미가 됩니다.

예문   我已经穿衣服了。 나는 이미 옷을 입었다.
         Wǒ yǐjing chuān yīfu le.

yǐ
이미

jīng
경험하다

yǐjing
이미

* '이미(已经)'라는 단어에서는 '经(jīng)'을 경성으로 발음합니다.

公
gōng
공공의

共
gòng
같은

汽
qì
증기, 김

车
chē
차

公共汽车
gōnggòngqìchē
버스

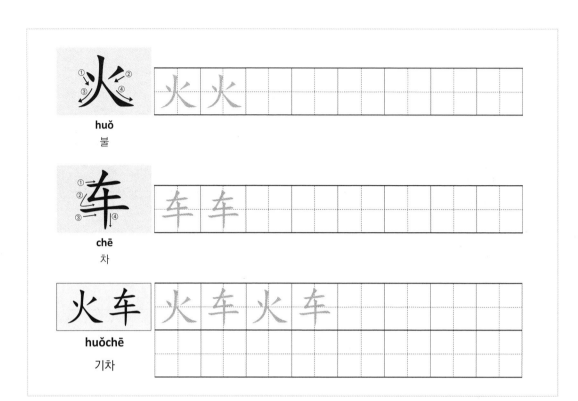

huǒ
불

火	火								

chē
차

车	车								

huǒchē
기차

火车	火车			

qí
(자전거 등에) 타다

骑	骑	骑	骑				

zì

자신, 스스로

xíng

가다

chē

차

自行车

zìxíngchē

자전거

나는 옷을 입는다.

我穿衣服。

[Wǒ chuān yīfu.]

我穿衣服。

[ ]

나는 이미 옷을 입었다.

我已经穿衣服了。

[Wǒ yǐjing chuān yīfu le.]

我已经穿衣服了。

[ ]

나는 신발을 신는다.

我穿鞋。

[Wǒ chuān xié.]

我穿鞋。

[ ]

나는 이미 신발을 신었다.

我已经穿鞋了。

[Wǒ yǐjing chuān xié le.]

我已经穿鞋了。

[ ]

나는 일본어를 배운다.

我学日语。

[Wǒ xué Rìyǔ.]

我学日语。

[ ]

나는 이미 일본어를 배웠다.

我已经学日语了。

[Wǒ yǐjing xué Rìyǔ le.]

我已经学日语了。

[ ]

나는 수영을 배운다.

我学游泳。

[Wǒ xué yóuyǒng.]

我学游泳。

[ ]

나는 이미 수영을 배웠다.

我已经学游泳了。

[Wǒ yǐjing xué yóuyǒng le.]

我已经学游泳了。

[ ]

나는 버스를 탄다.

我坐公共汽车。

[Wǒ zuò gōnggòngqìchē.]

我坐公共汽车。

[ ]

나는 이미 버스를 탔다.

我已经坐公共汽车了。

[Wǒ yǐjing zuò gōnggòngqìchē le.]

我已经坐公共汽车了。

[ ]

99

▌나는 비행기를 탄다.

我坐飞机。

[**Wǒ zuò fēijī.**]

我坐飞机。

[ ]

▌나는 이미 비행기를 탔다.

我已经坐飞机了。

[**Wǒ yǐjing zuò fēijī le.**]

我已经坐飞机了。

[ ]

▌나는 기차를 탄다.

我坐火车。

[**Wǒ zuò huǒchē.**]

我坐火车。

[ ]

▌나는 이미 기차를 탔다.

我已经坐火车了。

[**Wǒ yǐjing zuò huǒchē le.**]

我已经坐火车了。

[ ]

▌나는 자전거를 탄다.

我骑自行车。

[**Wǒ qí zìxíngchē.**]

我骑自行车。

[ ]

| 나는 이미 자전거를 탔다.

我已经骑自行车了。

[Wǒ yǐjing qí zìxíngchē le.]

我已经骑自行车了。

[ ]

| 나는 물건을 산다.

我买东西。

[Wǒ mǎi dōngxi.]

我买东西。

[ ]

| 나는 이미 물건을 샀다.

我已经买东西了。

[Wǒ yǐjing mǎi dōngxi le.]

我已经买东西了。

[ ]

| 나는 선물을 산다.

我买礼物。

[Wǒ mǎi lǐwù.]

我买礼物。

[ ]

| 나는 이미 선물을 샀다.

我已经买礼物了。

[Wǒ yǐjing mǎi lǐwù le.]

我已经买礼物了。

[ ]

101

문장패턴

我 + 看 + 了 + 弟弟的 + 书

나는　　보다　~했다　　남동생의　　책

Wǒ　　kàn　　le　　dìdi de　　shū

书 shū	책	弟弟 dìdi	남동생
小说 xiǎoshuō	소설	妈妈 māma	엄마
橙汁 chéngzhī	오렌지 주스	朋友 péngyou	친구
大衣 dàyī	외투	妹妹 mèimei	여동생
礼物 lǐwù	선물	生日 shēngrì	생일

▌나는 책을 봤다.

我看了书。

[**Wǒ kàn le shū.**]

我看了书。

[ ]

▌나는 책 세 권을 봤다.

我看了三本书。

[**Wǒ kàn le sān běn shū.**]

我看了三本书。

[ ]

▌나는 그 책을 봤다.

我看了那本书。

[**Wǒ kàn le nà běn shū.**]

我看了那本书。

[ ]

▌나는 남동생의 책을 봤다.

我看了弟弟的书。

[**Wǒ kàn le dìdi de shū.**]

我看了弟弟的书。

[ ]

▌나는 소설을 봤다.

我看了小说。

[**Wǒ kàn le xiǎoshuō.**]

我看了小说。

[ ]

나는 소설 다섯 권을 봤다.

我看了五本小说。

[Wǒ kàn le wǔ běn xiǎoshuō.]

我看了五本小说。

[ ]

나는 이 소설을 봤다.

我看了这本小说。

[Wǒ kàn le zhè běn xiǎoshuō.]

我看了这本小说。

[ ]

나는 엄마의 소설을 봤다.

我看了妈妈的小说。

[Wǒ kàn le māma de xiǎoshuō.]

我看了妈妈的小说。

[ ]

나는 오렌지 주스를 마셨다.

我喝了橙汁。

[Wǒ hē le chéngzhī.]

我喝了橙汁。

[ ]

나는 오렌지 주스 두 잔을 마셨다.

我喝了两杯橙汁。

[Wǒ hē le liǎng bēi chéngzhī.]

我喝了两杯橙汁。

[ ]

▌나는 이 오렌지 주스를 마셨다.

我喝了这杯橙汁。

[Wǒ hē le zhè bēi chéngzhī.]

我喝了这杯橙汁。

[ ]

▌나는 친구의 오렌지 주스를 마셨다.

我喝了朋友的橙汁。

[Wǒ hē le péngyou de chéngzhī.]

我喝了朋友的橙汁。

[ ]

▌나는 외투를 입었다.

我穿了大衣。

[Wǒ chuān le dàyī.]

我穿了大衣。

[ ]

▌나는 외투 한 벌을 입었다.

我穿了一件大衣。

[Wǒ chuān le yí jiàn dàyī.]

我穿了一件大衣。

[ ]

▌나는 이 외투를 입었다.

我穿了这件大衣。

[Wǒ chuān le zhè jiàn dàyī.]

我穿了这件大衣。

[ ]

▌나는 여동생의 외투를 입었다.

我穿了妹妹的大衣。

[Wǒ chuān le mèimei de dàyī.]

我穿了妹妹的大衣。

[ ]

▌나는 선물을 샀다.

我买了礼物。

[Wǒ mǎi le lǐwù.]

我买了礼物。

[ ]

▌나는 선물 네 개를 샀다.

我买了四件礼物。

[Wǒ mǎi le sì jiàn lǐwù.]

我买了四件礼物。

[ ]

▌나는 그 선물을 샀다.

我买了那件礼物。

[Wǒ mǎi le nà jiàn lǐwù.]

我买了那件礼物。

[ ]

▌나는 생일 선물을 샀다.

我买了生日礼物。

[Wǒ mǎi le shēngrì lǐwù.]

我买了生日礼物。

[ ]

문장패턴

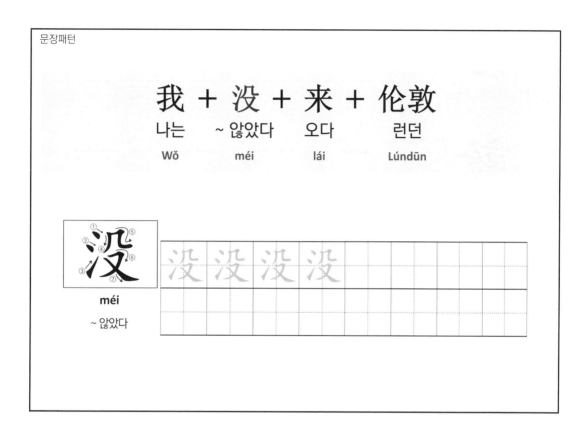

중국어 과거형의 부정 표현 '没(méi)'

중국어 과거형에서 부정 문장을 만들 때는 동사 앞에 没(有)(méi(yǒu))를 붙입니다. 이때 동사 뒤에 了(le)를 붙이지 않습니다.

예문   我没来伦敦。 나는 런던에 오지 않았다.
　　　 Wǒ méi lái Lúndūn.

没(有) 앞에 '아직'이라는 의미의 还(hái)를 붙이면 '아직 ~하지 않았다'라는 의미가 됩니다.

　　　 我还没去机场。 나는 아직 공항에 가지 않았다.
　　　 Wǒ hái méi qù jīchǎng.

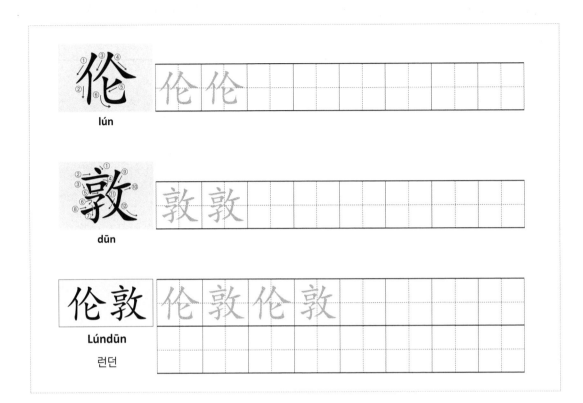

伦
lún

敦
dūn

伦敦
Lúndūn
런던

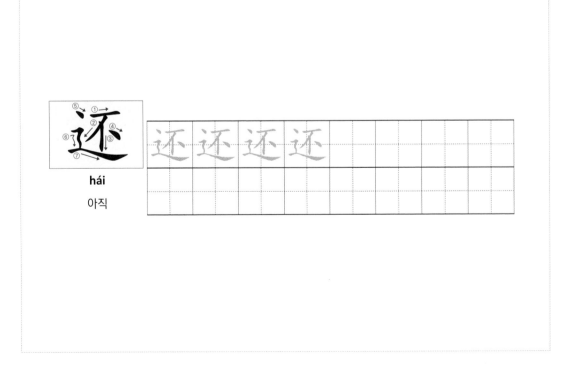

还
hái
아직

나는 런던에 왔다.

我来了伦敦。

[Wǒ lái le Lúndūn.　　　　　　　　　　　　　　　　　　　]

我来了伦敦。

[　　　　　　　　　　　　　　　　　　　　　　　　　　]

나는 런던에 오지 않았다.

我没来伦敦。

[Wǒ méi lái Lúndūn.　　　　　　　　　　　　　　　　　　]

我没来伦敦。

[　　　　　　　　　　　　　　　　　　　　　　　　　　]

나는 공항에 갔다.

我去了机场。

[Wǒ qù le jīchǎng.　　　　　　　　　　　　　　　　　　　]

我去了机场。

[　　　　　　　　　　　　　　　　　　　　　　　　　　]

나는 공항에 가지 않았다.

我没去机场。

[Wǒ méi qù jīchǎng.　　　　　　　　　　　　　　　　　　]

我没去机场。

[　　　　　　　　　　　　　　　　　　　　　　　　　　]

나는 영화를 봤다.

我看了电影。

[Wǒ kàn le diànyǐng.　　　　　　　　　　　　　　　　　　]

我看了电影。

[　　　　　　　　　　　　　　　　　　　　　　　　　　]

나는 영화를 보지 않았다.

我没看电影。

[Wǒ méi kàn diànyǐng.]

我没看电影。

[ ]

나는 중국어 수업을 들었다.

我听了汉语课。

[Wǒ tīng le Hànyǔ kè.]

我听了汉语课。

[ ]

나는 중국어 수업을 듣지 않았다.

我没听汉语课。

[Wǒ méi tīng Hànyǔ kè.]

我没听汉语课。

[ ]

나는 저녁밥을 먹었다.

我吃了晚饭。

[Wǒ chī le wǎnfàn.]

我吃了晚饭。

[ ]

나는 저녁밥을 먹지 않았다.

我没吃晚饭。

[Wǒ méi chī wǎnfàn.]

我没吃晚饭。

[ ]

▌나는 양말을 신었다.

我穿了袜子。

[**Wǒ chuān le wàzi.**]

我穿了袜子。

[ ]

▌나는 아직 양말을 신지 않았다.

我还没穿袜子。

[**Wǒ hái méi chuān wàzi.**]

我还没穿袜子。

[ ]

▌나는 일본어를 배웠다.

我学了日语。

[**Wǒ xué le Rìyǔ.**]

我学了日语。

[ ]

▌나는 아직 일본어를 배우지 않았다.

我还没学日语。

[**Wǒ hái méi xué Rìyǔ.**]

我还没学日语。

[ ]

▌나는 버스를 탔다.

我坐了公共汽车。

[**Wǒ zuò le gōnggòngqìchē.**]

我坐了公共汽车。

[ ]

■ 나는 아직 버스를 타지 않았다.

我还没坐公共汽车。

[Wǒ hái méi zuò gōnggòngqìchē.]

我还没坐公共汽车。

[ ]

■ 나는 손목시계를 샀다.

我买了手表。

[Wǒ mǎi le shǒubiǎo.]

我买了手表。

[ ]

■ 나는 아직 손목시계를 사지 않았다.

我还没买手表。

[Wǒ hái méi mǎi shǒubiǎo.]

我还没买手表。

[ ]

■ 나는 중국 요리를 했다.

我做了中国菜。

[Wǒ zuò le zhōngguócài.]

我做了中国菜。

[ ]

■ 나는 아직 중국 요리를 하지 않았다.

我还没做中国菜。

[Wǒ hái méi zuò zhōngguócài.]

我还没做中国菜。

[ ]

문장패턴

과거 경험을 나타내는 '过(guo)'

동사 뒤에 过(guo)를 붙이면 '~한 적이 있다'라는 과거 경험 의미가 됩니다.

예문　我去过北京。　　나는 베이징에 간 적이 있다.
　　　Wǒ qùguo Běijīng.

부정 문장을 만들 때에는 동사 앞에 没(有)(méi(yǒu))를 붙여 주고, 没(有) 앞에 还(hái), 从来(cónglái) 등을 붙이면 '아직 ~한 적이 없다', '지금까지 ~한 적이 없다'라는 의미가 됩니다.

예문　我还没吃过月饼。　　나는 아직 월병을 먹은 적이 없다.
　　　Wǒ hái méi chīguo yuèbing.

　　　我从来没学过游泳。　　나는 지금까지 수영을 배운 적이 없다.
　　　Wǒ cónglái méi xuéguo yóuyǒng.

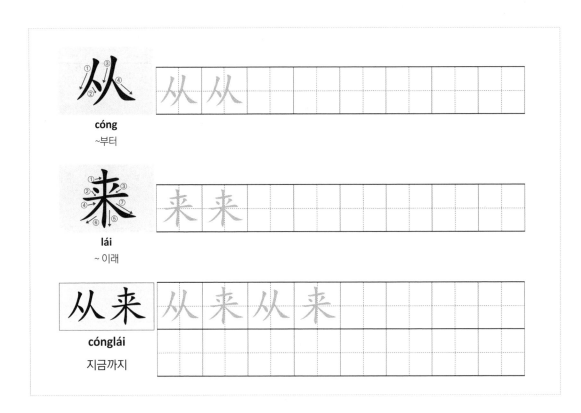

cóng
~부터

lái
~ 이래

cónglái
지금까지

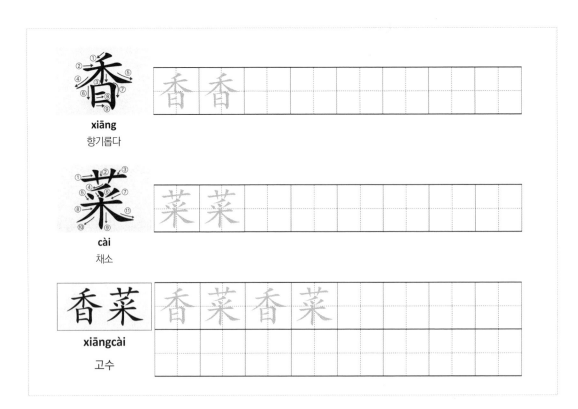

xiāng
향기롭다

cài
채소

xiāngcài
고수

나는 베이징에 간 적이 있다.

我去过北京。

[Wǒ qùguo Běijīng.]

我去过北京。

[ ]

나는 베이징에 간 적이 없다.

我没去过北京。

[Wǒ méi qùguo Běijīng.]

我没去过北京。

[ ]

나는 동물원에 간 적이 있다.

我去过动物园。

[Wǒ qùguo dòngwùyuán.]

我去过动物园。

[ ]

나는 동물원에 간 적이 없다.

我没去过动物园。

[Wǒ méi qùguo dòngwùyuán.]

我没去过动物园。

[ ]

나는 이 책을 본 적이 있다.

我看过这本书。

[Wǒ kànguo zhè běn shū.]

我看过这本书。

[ ]

나는 이 책을 본 적이 없다.

我没看过这本书。

[Wǒ méi kànguo zhè běn shū.]

我没看过这本书。

[ ]

나는 일본 영화를 본 적이 있다.

我看过日本电影。

[Wǒ kànguo Rìběn diànyǐng.]

我看过日本电影。

[ ]

나는 일본 영화를 본 적이 없다.

我没看过日本电影。

[Wǒ méi kànguo Rìběn diànyǐng.]

我没看过日本电影。

[ ]

나는 중국어 수업을 들은 적이 있다.

我听过汉语课。

[Wǒ tīngguo Hànyǔ kè.]

我听过汉语课。

[ ]

나는 중국어 수업을 들은 적이 없다.

我没听过汉语课。

[Wǒ méi tīngguo Hànyǔ kè.]

我没听过汉语课。

[ ]

▌나는 중국 음악을 들은 적이 있다.

我听过中国音乐。

[Wǒ tīngguo Zhōngguó yīnyuè.]

我听过中国音乐。

[ ]

▌나는 아직 중국 음악을 들은 적이 없다.

我还没听过中国音乐。

[Wǒ hái méi tīngguo Zhōngguó yīnyuè.]

我还没听过中国音乐。

[ ]

▌나는 고수를 먹은 적이 있다.

我吃过香菜。

[Wǒ chīguo xiāngcài.]

我吃过香菜。

[ ]

▌나는 아직 고수를 먹은 적이 없다.

我还没吃过香菜。

[Wǒ hái méi chīguo xiāngcài.]

我还没吃过香菜。

[ ]

▌나는 월병을 먹은 적이 있다.

我吃过月饼。

[Wǒ chīguo yuèbing.]

我吃过月饼。

[ ]

나는 아직 월병을 먹은 적이 없다.

我还没吃过月饼。

[**Wǒ hái méi chīguo yuèbing.**]

我还没吃过月饼。

[ ]

나는 수영을 배운 적이 있다.

我学过游泳。

[**Wǒ xuéguo yóuyǒng.**]

我学过游泳。

[ ]

나는 지금까지 수영을 배운 적이 없다.

我从来没学过游泳。

[**Wǒ cónglái méi xuéguo yóuyǒng.**]

我从来没学过游泳。

[ ]

나는 영어를 배운 적이 있다.

我学过英语。

[**Wǒ xuéguo Yīngyǔ.**]

我学过英语。

[ ]

나는 지금까지 영어를 배운 적이 없다.

我从来没学过英语。

[**Wǒ cónglái méi xuéguo Yīngyǔ.**]

我从来没学过英语。

[ ]

문장패턴

很 + 大
매우　크다

hěn　　dà

hěn

매우

* 很(hěn)은 '매우, 아주'라는 의미이지만, 일반적인 형용사 긍정 문장에서는 의미를 따로 해석하지 않습니다.

dà

크다

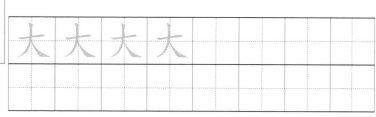

xiǎo

작다

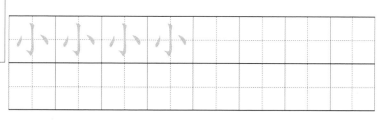

duō

많다

shǎo

적다

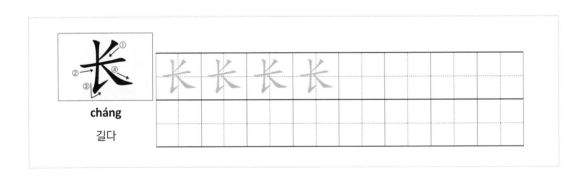

cháng

길다

duǎn

짧다

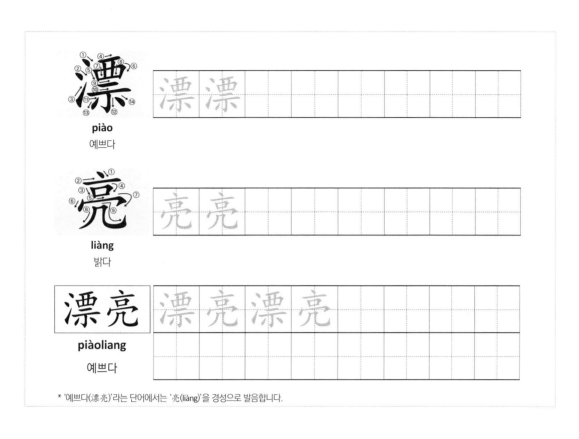

漂 piào 예쁘다

亮 liàng 밝다

漂亮 piàoliang 예쁘다

* '예쁘다(漂亮)'라는 단어에서는 '亮(liàng)'을 경성으로 발음합니다.

帅 shuài 잘생기다

忙 máng 바쁘다

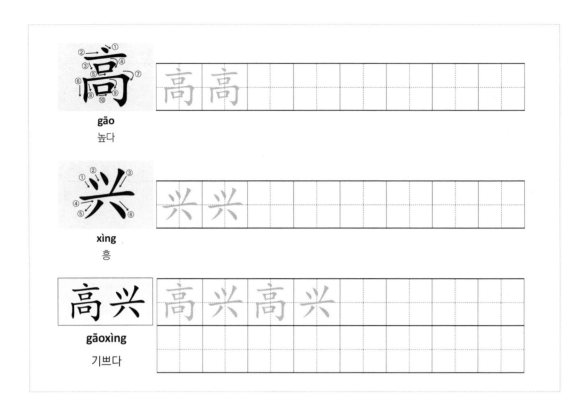

高
gāo
높다

兴
xìng
흥

高兴
gāoxìng
기쁘다

크다

很大

[hěn dà　　　　　　　　　　　　　　　　　　　　　　　　　　　　　]

很大

[　　　　　　　　　　　　　　　　　　　　　　　　　　　　　　　　]

작다

很小

[hěn xiǎo　　　　　　　　　　　　　　　　　　　　　　　　　　　]

很小

[　　　　　　　　　　　　　　　　　　　　　　　　　　　　　　　　]

많다

很多

[hěn duō　　　　　　　　　　　　　　　　　　　　　　　　　　　　]

很多

[　　　　　　　　　　　　　　　　　　　　　　　　　　　　　　　　]

적다

很少

[hěn shǎo　　　　　　　　　　　　　　　　　　　　　　　　　　　]

很少

[　　　　　　　　　　　　　　　　　　　　　　　　　　　　　　　　]

길다

很长

[hěn cháng　　　　　　　　　　　　　　　　　　　　　　　　　　]

很长

[　　　　　　　　　　　　　　　　　　　　　　　　　　　　　　　　]

짧다

很短

[hěn duǎn   ]

很短

[   ]

예쁘다

很漂亮

[hěn piàoliang   ]

很漂亮

[   ]

잘생기다

很帅

[hěn shuài   ]

很帅

[   ]

바쁘다

很忙

[hěn máng   ]

很忙

[   ]

기쁘다

很高兴

[hěn gāoxìng   ]

很高兴

[   ]

▌이 옷은 크다.

这件衣服很大。

[**Zhè jiàn yīfu hěn dà.**]

这件衣服很大。

[ ]

▌이 옷은 작다.

这件衣服很小。

[**Zhè jiàn yīfu hěn xiǎo.**]

这件衣服很小。

[ ]

▌오늘 숙제가 많다.

今天作业很多。

[**Jīntiān zuòyè hěn duō.**]

今天作业很多。

[ ]

▌오늘 숙제가 적다.

今天作业很少。

[**Jīntiān zuòyè hěn shǎo.**]

今天作业很少。

[ ]

▌이 외투는 길다.

这件大衣很长。

[**Zhè jiàn dàyī hěn cháng.**]

这件大衣很长。

[ ]

이 외투는 짧다.

这件大衣很短。

[Zhè jiàn dàyī hěn duǎn.　　　　　　　　]

这件大衣很短。

[　　　　　　　　　　　　　　　　　　　]

나는 예쁘다.

我很漂亮。

[Wǒ hěn piàoliang.　　　　　　　　　　]

我很漂亮。

[　　　　　　　　　　　　　　　　　　　]

나는 잘생겼다.

我很帅。

[Wǒ hěn shuài.　　　　　　　　　　　　]

我很帅。

[　　　　　　　　　　　　　　　　　　　]

나는 바쁘다.

我很忙。

[Wǒ hěn máng.　　　　　　　　　　　　]

我很忙。

[　　　　　　　　　　　　　　　　　　　]

나는 기쁘다.

我很高兴。

[Wǒ hěn gāoxìng.　　　　　　　　　　　]

我很高兴。

[　　　　　　　　　　　　　　　　　　　]

문장패턴

很 + 贵
매우   비싸다
hěn   guì

贵
guì
비싸다

便
pián
간단하다

宜
yí
알맞다

便宜
piányi
싸다

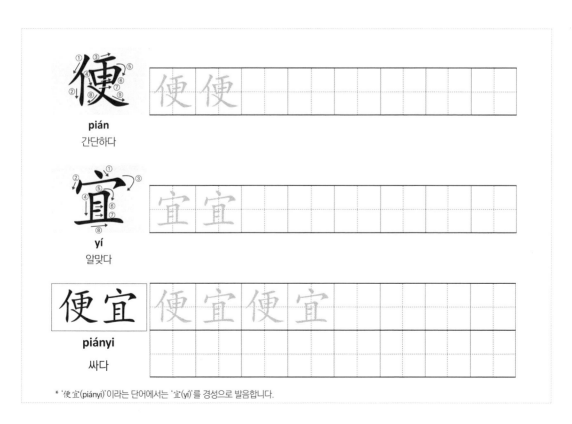

* '便宜(piányi)'이라는 단어에서는 '宜(yí)'를 경성으로 발음합니다.

nán

어렵다

róng

받아들이다

yì

쉽다

róngyì

쉽다

hǎo

좋다

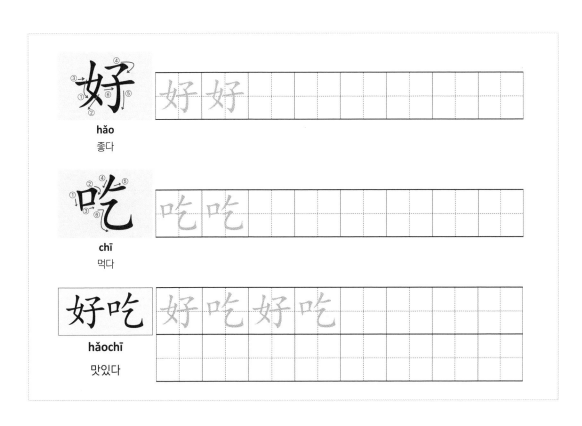

好
hǎo
좋다

吃
chī
먹다

好吃
hǎochī
맛있다

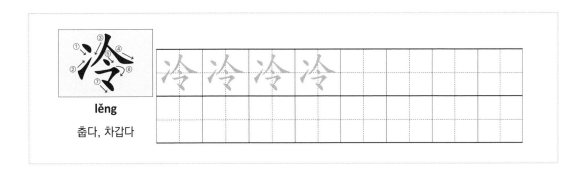

冷
lěng
춥다, 차갑다

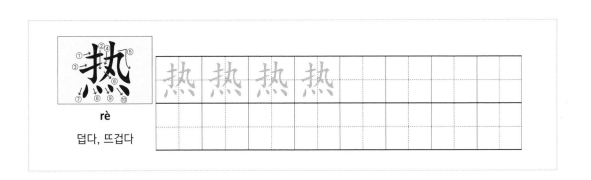

热
rè
덥다, 뜨겁다

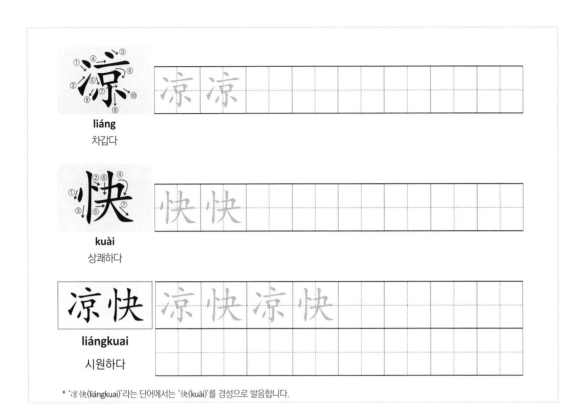

liáng
차갑다

kuài
상쾌하다

liángkuai
시원하다

* '凉快(liángkuai)'라는 단어에서는 '快(kuài)'를 경성으로 발음합니다.

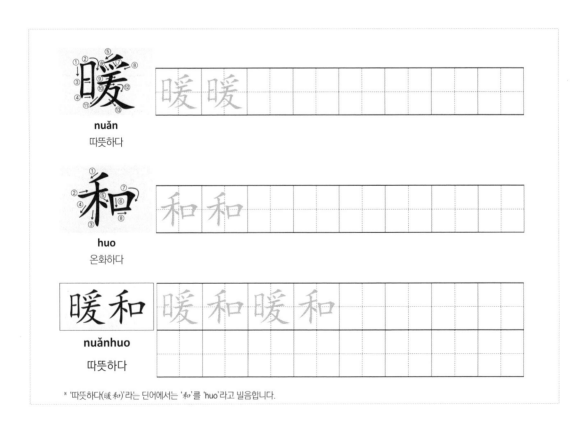

nuǎn
따뜻하다

huo
온화하다

nuǎnhuo
따뜻하다

* '따뜻하다(暖和)'라는 단어에서는 '和'를 'huo'라고 발음합니다.

비싸다

很贵

[hěn guì]

很贵

[ ]

싸다

很便宜

[hěn piányi]

很便宜

[ ]

어렵다

很难

[hěn nán]

很难

[ ]

쉽다

很容易

[hěn róngyì]

很容易

[ ]

좋다

很好

[hěn hǎo]

很好

[ ]

맛있다

很好吃

[hěn hǎochī]

很好吃

[ ]

춥다, 차갑다

很冷

[hěn lěng]

很冷

[ ]

덥다, 뜨겁다

很热

[hěn rè]

很热

[ ]

시원하다

很凉快

[hěn liángkuai]

很凉快

[ ]

따뜻하다

很暖和

[hěn nuǎnhuo]

很暖和

[ ]

이 탁자는 비싸다.

这张桌子很贵。

[Zhè zhāng zhuōzi hěn guì.]

这张桌子很贵。

[ ]

이 탁자는 싸다.

这张桌子很便宜。

[Zhè zhāng zhuōzi hěn piányi.]

这张桌子很便宜。

[ ]

중국어는 어렵다.

汉语很难。

[Hànyǔ hěn nán.]

汉语很难。

[ ]

중국어는 쉽다.

汉语很容易。

[Hànyǔ hěn róngyì.]

汉语很容易。

[ ]

날씨가 좋다.

天气很好。

[Tiānqì hěn hǎo.]

天气很好。

[ ]

중국 요리는 맛있다.

中国菜很好吃。

[**Zhōngguócài hěn hǎochī.**]

中国菜很好吃。

[ ]

한국의 겨울은 춥다.

韩国的冬天很冷。

[**Hánguó de dōngtiān hěn lěng.**]

韩国的冬天很冷。

[ ]

한국의 여름은 덥다.

韩国的夏天很热。

[**Hánguó de xiàtiān hěn rè.**]

韩国的夏天很热。

[ ]

날씨가 시원하다.

天气很凉快。

[**Tiānqì hěn liángkuai.**]

天气很凉快。

[ ]

날씨가 따뜻하다.

天气很暖和。

[**Tiānqì hěn nuǎnhuo.**]

天气很暖和。

[ ]

문장패턴

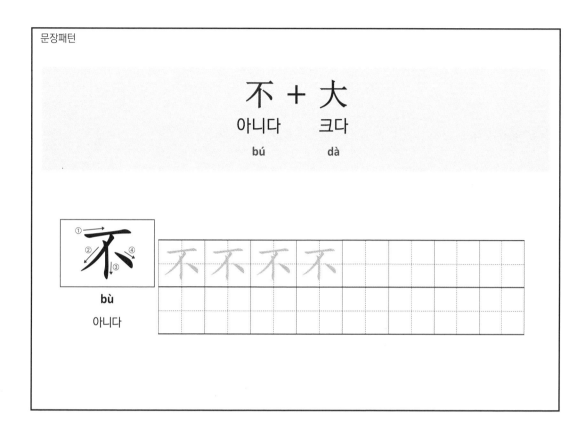

不 + 大
아니다   크다
bú   dà

bù
아니다

大 dà	크다	小 xiǎo	작다
多 duō	많다	少 shǎo	적다
忙 máng	바쁘다	难 nán	어렵다
容易 róngyì	쉽다	好 hǎo	좋다
冷 lěng	춥다, 차갑다	热 rè	덥다, 뜨겁다

이 옷은 크지 않다.

这件衣服不大。

[Zhè jiàn yīfu bú dà.]

这件衣服不大。

[   ]

이 옷은 작지 않다.

这件衣服不小。

[Zhè jiàn yīfu bù xiǎo.]

这件衣服不小。

[   ]

오늘 숙제가 많지 않다.

今天作业不多。

[Jīntiān zuòyè bù duō.]

今天作业不多。

[   ]

오늘 숙제가 적지 않다.

今天作业不少。

[Jīntiān zuòyè bù shǎo.]

今天作业不少。

[   ]

이 외투는 길지 않다.

这件大衣不长。

[Zhè jiàn dàyī bù cháng.]

这件大衣不长。

[   ]

▌이 외투는 짧지 않다.

这件大衣不短。

[**Zhè jiàn dàyī bù duǎn.**]

这件大衣不短。

[ ]

▌나는 예쁘지 않다.

我不漂亮。

[**Wǒ bú piàoliang.**]

我不漂亮。

[ ]

▌나는 잘생기지 않다.

我不帅。

[**Wǒ bú shuài.**]

我不帅。

[ ]

▌나는 바쁘지 않다.

我不忙。

[**Wǒ bù máng.**]

我不忙。

[ ]

▌나는 기쁘지 않다.

我不高兴。

[**Wǒ bù gāoxìng.**]

我不高兴。

[ ]

이 탁자는 비싸지 않다.

这张桌子不贵。

[**Zhè zhāng zhuōzi bú guì.**]

这张桌子不贵。

[ ]

이 탁자는 싸지 않다.

这张桌子不便宜。

[**Zhè zhāng zhuōzi bù piányi.**]

这张桌子不便宜。

[ ]

중국어는 어렵지 않다.

汉语不难。

[**Hànyǔ bù nán.**]

汉语不难。

[ ]

중국어는 쉽지 않다.

汉语不容易。

[**Hànyǔ bù róngyì.**]

汉语不容易。

[ ]

날씨가 좋지 않다.

天气不好。

[**Tiānqì bù hǎo.**]

天气不好。

[ ]

▌이 요리는 맛있지 않다.

这个菜不好吃。

[Zhè ge cài bù hǎochī.]

这个菜不好吃。

[ ]

▌한국의 여름은 춥지 않다.

韩国的夏天不冷。

[Hánguó de xiàtiān bù lěng.]

韩国的夏天不冷。

[ ]

▌한국의 겨울은 덥지 않다.

韩国的冬天不热。

[Hánguó de dōngtiān bú rè.]

韩国的冬天不热。

[ ]

▌날씨가 시원하지 않다.

天气不凉快。

[Tiānqì bù liángkuai.]

天气不凉快。

[ ]

▌날씨가 따뜻하지 않다.

天气不暖和。

[Tiānqì bù nuǎnhuo.]

天气不暖和。

[ ]

• 중국어 기초 동사

한자	병음	뜻
爱	ài	사랑하다
吃	chī	먹다
穿	chuān	(옷, 양말 등을) 입다, 신다
到	dào	도착하다
工作	gōngzuò	일하다
关	guān	닫다, 끄다
喝	hē	마시다
开	kāi	열다, 켜다
看	kàn	보다
来	lái	오다
买	mǎi	사다
卖	mài	팔다
骑	qí	(자전거 등에) 타다
去	qù	가다
上	shàng	오르다, (차 등에) 타다
上班	shàngbān	출근하다
是	shì	~이다
说	shuō	말하다
踢	tī	(발로) 차다
听	tīng	듣다
洗	xǐ	씻다
下	xià	내려가다, (비 등이) 내리다
下班	xiàbān	퇴근하다
写	xiě	글씨를 쓰다
喜欢	xǐhuan	좋아하다
学	xué	배우다
学习	xuéxí	공부하다
有	yǒu	있다, 가지고 있다
在	zài	~에 있다
找	zhǎo	찾다
知道	zhīdào	알다
坐	zuò	(차 등에) 타다, 앉다
做	zuò	하다

중국어 기초 형용사

한자	병음	뜻
长	cháng	길다
大	dà	크다
短	duǎn	짧다
多	duō	많다
高兴	gāoxìng	기쁘다
贵	guì	비싸다
好	hǎo	좋다
好吃	hǎochī	맛있다
冷	lěng	춥다, 차갑다
凉快	liángkuai	시원하다
忙	máng	바쁘다
难	nán	어렵다
暖和	nuǎnhuo	따뜻하다
便宜	piányi	싸다
漂亮	piàoliang	예쁘다
热	rè	덥다, 뜨겁다
容易	róngyì	쉽다
少	shǎo	적다
帅	shuài	잘생기다
小	xiǎo	작다

중국어 기초 문장 정리

수량 표현	숫자 + 단위(양사) + 명사	一本书	책 한 권
소유	명사 + 的	我的书	나의 책
나는 ~이다	我 + 是	我是韩国人。	나는 한국인이다.
나는 ~이 아니다	我 + 不 + 是	我不是学生。	나는 학생이 아니다.
나는 ~에 온다/간다	我 + 来 我 + 去	我来首尔。 我去学校。	나는 서울에 온다. 나는 학교에 간다.
나는 ~에 있다	我 + 在	我在家。	나는 집에 있다.
나는 ~가 있다	我 + 有	我有妹妹。	나는 여동생이 있다.
나는 ~한다	我 + 동사	我看书。	나는 책을 본다.
나는 ~하지 않는다	我 + 不 + 동사	我不看书。	나는 책을 보지 않는다.
너는 ~하니?	你 + 동사 + 吗?	你看书吗?	너는 책을 보니?
나는 ~하고 있다	我 + 在 + 동사	我在看书。	나는 책을 보고 있다.
너는 ~하고 있니?	你 + 在 + 동사 + 吗?	你在看书吗?	너는 책을 보고 있니?
나는 ~하고 있지 않다	我 + 没 + 동사	我没看书。	나는 책을 보고 있지 않다.
나는 ~했다	我 + 동사 + 了	我看了书。	나는 책을 보았다.
나는 ~하지 않았다	我 + 没 + 동사	我没看书。	나는 책을 보지 않았다.
나는 ~한 적이 있다	我 + 동사 + 过	我看过书。	나는 책을 본 적이 있다.
나는 ~한 적이 없다	我 + 没 + 동사 + 过	我没看过书。	나는 책을 본 적이 없다.
~는 누구니?	~ + 是 + 谁?	你是谁?	너는 누구니?
누가 ~이니?	谁 + 是 + ~?	谁是老师?	누가 선생님이니?
누가 ~하니?	谁 + 동사?	谁看书?	누가 책을 보니?
~은 무엇이니?	~ + 是 + 什么?	这是什么?	이것은 무엇이니?
너는 언제 ~하니?	你 + 什么时候 + 동사?	你什么时候看书?	너는 언제 책을 보니?
~는 어디 가니?	~ + 去 + 哪儿?	你去哪儿?	너는 어디 가니?
너는 어디에서 ~하니?	你 + 在哪儿 + ~?	你在哪儿看书?	너는 어디에서 책을 보니?
형용사	很 + 형용사	我很忙。	나는 바쁘다.